互联网与国际视角下的
上市公司
投资者关系

冯彦杰◎著

经济管理出版社

ECONOMY & MANAGEMENT PUBLISHING HOUSE

图书在版编目（CIP）数据

互联网与国际视角下的上市公司投资者关系 / 冯彦
杰著. -- 北京：经济管理出版社，2024. -- ISBN 978
-7-5096-9740-5

Ⅰ．F279.246

中国国家版本馆 CIP 数据核字第 202410C027 号

责任编辑：王格格
助理编辑：王虹茜
责任印制：许　艳
责任校对：陈　颖

出版发行：经济管理出版社
　　　　　（北京市海淀区北蜂窝 8 号中雅大厦 A 座 11 层　100038）
网　　　址：www.E-mp.com.cn
电　　　话：（010）51915602
印　　　刷：唐山玺诚印务有限公司
经　　　销：新华书店
开　　　本：720mm×1000mm/16
印　　　张：11.25
字　　　数：189 千字
版　　　次：2024 年 11 月第 1 版　　2024 年 11 月第 1 次印刷
书　　　号：ISBN 978-7-5096-9740-5
定　　　价：69.00 元

目　录

第1章 投资者关系概述

1.1 投资者关系的概念、起源和现状

1.1.1 投资者关系的概念

早期的投资者关系（Investor Relation，IR）的定义反映的是公司对股票价值的追求。全美投资者关系协会（NIRI）创立之初，将投资者关系定义为：投资者关系管理是指运用财经传播和营销的规则，通过管理公司向财经界和其他各界传播的信息内容和渠道，实现相关利益者相对价值最大化。

21世纪初的一系列公司丑闻，导致人们对投资者关系有了新的认识，投资者关系的定义也相应发生了变化（Allen，2002）。2003年全美投资者关系协会（NIRI）将投资者关系的定义修改为：投资者关系是公司的战略管理职责，在遵守证券法律法规的前提下，运用金融、沟通和市场营销学等方法，实现公司与财经界（Financial Community）及其他相关主体（Constituencies）之间有效的双向信息交流，最终帮助企业证券实现公平价值（NIRI，2003）。这个定义将价值最大化改为了追求公平价值，强调投资者关系应该更加着眼于战略和长远，而非股票价格一时的高低。

加拿大投资者关系协会（CIRI）在投资者关系的定义中更是去掉了有关公司价值或利益的描述，而把投资者关系定义为：投资者关系是公司的战略管理职责，综合运用金融、沟通和市场营销学等方法，实现公司与投资者之间有效的双向信息交流，帮助实现资本市场的公平和效率，并在对定义的进一步阐述明确提出投资者关系不应单纯追求公司股价的最高点而不顾公司的基本面（CIRI，2006）。

2005 年中国证监委对投资者关系的定义是："投资者关系工作是指公司通过信息披露与交流，加强与投资者及潜在投资者之间的沟通，增进投资者对公司的了解和认同，提升公司治理水平，以实现公司整体利益最大化和保护投资者合法权益的重要工作。"（中国证券监督管理委员会，2005）

在 2022 年发布的《上市公司投资者关系管理工作指引》中，中国证监会对投资者关系管理进行了定义，指出："投资者关系管理是指上市公司通过便利股东权利行使、信息披露、互动交流和诉求处理等工作，加强与投资者及潜在投资者之间的沟通，增进投资者对上市公司的了解和认同，以提升上市公司治理水平和企业整体价值，实现尊重投资者、回报投资者、保护投资者目的的相关活动。"（中国证券监督管理委员会，2022）

为了实现上市公司的投资者关系工作功能，很多上市公司设立了投资者关系职能。投资者关系职能是指上市公司中承担投资者关系工作的机构或人员及其职责、功能，它如同公司中的会计职能、销售职能等，是公司为了实现自己的整体功能所进行的一项工作分工（冯彦杰、徐波，2014）。

1.1.2 投资者关系的起源

如同很多管理概念一样，投资者关系一词也发源于西方，更确切地说是发源于美国，而后在全世界获得了推广。投资者关系的起源要从 20 世纪 50 年代前后讲起。[①]

"二战"后的美国，大量的退伍军人加入劳动力大军，婴儿潮出现，因"二

---

① NIRI. Origin of NIRI［EB/OL］.［2014-02-03］. www. niri. org.

战"而被忽视的国内基建和消费需求报复性反弹，同时，在欧洲复兴计划等的作用下，美国投入货币援助欧洲等地重建，而这些货币大部分购买了美国物资。国内外的强劲需求，导致美国经济马达全速运转，成为全世界的发展引擎，连续十多年占世界经济总量的 85% 以上，美国进入了长达二十年的经济持续高速增长期。

在经济高速发展的背景下，企业欣欣向荣，资本投资开支暴涨，融资需求旺盛。1952 年，在没有通货膨胀的情况下，美国国债的利率从年初的 2% 跃升到年底的 5%，电力公司股票的股息率跃升到了 6%。投资者开始从低利率的债券市场转向股票市场。

顺应这个潮流，纽约交易所发起了一项名为"人民资本主义"的运动，以"拥有你自己的美国企业份额"为口号。个人投资者数量、规模呈爆炸性增长。1952 年，纽约证券交易所等主导的一项研究表明，当时美国的持股人数约占总人口的 4.2%，13 年之后，该比例跃升至 15%。

当时美国的个人投资者，很多经历过 20 世纪 20 年代的美国大萧条和 1932 年的银行倒闭潮的人，其投资大多来自"二战"期间的积蓄，所以这些人对于自己所投资的股票格外警惕和认真。他们积极参加股东大会，并且在股东大会上发出自己的声音。其中比较著名的投资者活动家（Activist）叫吉尔伯特。他早期在参加股东大会时，常常提出如管理层的报酬、有多少董事是亲戚等问题，而这些问题经常被拒绝回答。本杰明·格雷厄姆在 1951 年版的《证券分析》一书中对吉尔伯特给予高度赞誉。

很多大型的上市公司发现，自己股东的组成变得十分分散、复杂，并且股东数量也非常庞大，很多股东持有几百股股票，但是他们积极关心公司事务。如何对待这些好奇的、权利意识强的投资者，或者将其变成对公司有利的机会，是很多上市公司没有遇到过的问题。因此，股东关系（Shareholder Relations）工作应运而生，其通常设在大公司的公共关系部门之下或者外包给公关公司甚至广告公司。股东关系工作不仅致力于举办非常友好的股东大会，以尽量避免投资者问出刁钻的问题，还致力于公共关系工作，尤其是媒体宣传。股东关系工作的承担者往往擅长写新闻故事演讲稿，但是对于财务或资本市场则基本没什么概念。

当时的股票分析师行业还处于萌芽状态，影响力远远没有今天那么大。尽管美国的资本市场已经发展多年，很多 MBA 投身股票分析师行业，股票分析师大都掌握了比较专业的分析技能，但是他们也不得不忍受上市公司负责与他们沟通的人员的非专业性，上市公司高管通常也不愿意与股票分析师沟通。当时美国对于内部信息的管制还不成熟，种种原因造成当时的华尔街股市很少有人真正关注上市企业的财务细节，大家都热衷于各种小道消息、精彩故事和内幕信息。财经媒体在当时获得了超强的影响力。

但是媒体往往伴随着利用和阴谋，一系列利用媒体欺骗投资者的丑闻相继发生，例如斯尔沃斯特（Leopold Silverstein）在突击获取了费尔班克公司（一家生产发动机的不错的公司）的控制权后，制造了一系列媒体烟幕弹，持续放出正面消息，同时大肆卖出股票，之后携巨款潜逃出境。公共关系一词逐渐成为了一个很不光彩的词语，而股东关系则成为了宣传、推销和选美的代名词。

这时通用电气的董事局主席科迪纳意识到，这种股东关系工作方式是不合理的。如果把这些工作交给公共关系部门来做，他们显然不具备这种工作所需要的技能；如果外包给公关顾问公司，他们不仅不具备所需的技能，还无法及时掌握公司信息；如果让财务部门做，虽然他们有数字，但是往往缺乏沟通技巧；公司秘书在管理股东清单方面很有经验，但是却缺乏管理股东的经验；法律顾问则把每件事都当成潜在的法律官司。以公共关系的方式对待投资者的做法，可能给大量的投资者造成非常大的伤害，如果任由情况发展下去，再次出现类似 20 世纪30 年代的反资本主义浪潮也不是不可能。投资者关系真正需要的是在华尔街培养一批具有财务知识的人才，使人们在做出买进和卖出决定前会仔细研究股票，而不是只热衷于冲到打字机前打出一篇明天能够登在报纸上的故事，却不管这个故事的后果是什么的所谓投资者关系从业者。投资者关系管理人才需要具备扎实的财务知识，同时需要具有较强的沟通技巧，能够负责任地跟投资者进行沟通，清楚误导和错误信息会招致惩罚。虽然很多适用于投资者关系的法律和道德约束同样适用于公共关系，但是在公共关系领域，量化更加困难。

1953 年 3 月，在美国证监会、纽约交易所等的支持下，美国管理协会（AMA）推出了一份旨在指导公司维护良好股东关系的研究报告。同年，通用电气总裁科迪纳主持成立了一个专门小组以研究股东关系相关事宜，并在研究结果和研究团队的基础上设置了通用电气公司的投资者关系部门，投资者关系部门作为公司管理分工中的一个专业部门诞生。之后，通用电气的投资者关系团队协同美国管理协会召开了一系列会议并出版了一些书籍，极大地推动了投资者关系在美国的发展。随后，英国、加拿大等国家和地区的上市公司也开始设立投资者关系职能或部门。

1.1.3　投资者关系的发展现状

经过几十年的发展，投资者关系在全世界范围内获得了长足的发展。2002年《萨班斯-奥克斯利法案》的出台极大地促进了投资者关系在美国的发展，大多数上市公司设立了投资者关系部门（Laskin，2009），很多公司的投资者关系工作从以前隶属于首席财务官或者公司的公共关系部门变成直接向首席执行官汇报（Bloomberg，2013）。

根据 Laskin（2012）的研究，在美国 56% 的上市公司有独立的投资者关系部门，28% 的公司虽然没有独立的投资者关系部门，但是将投资者关系职能作为一项独立的职能放在融资或证券部下，另有 9% 的上市公司将投资者关系职能放在企业沟通/公共关系部门下。62% 的投资者关系官向首席财务官汇报，21% 向首席执行官或总裁汇报。欧洲的情况与之基本相似。美国上市公司中 IR 职能平均有 2.5 个员工，人数范围则从 1 个人到最高 15 个人不等。英国《金融时报》指数成份股 FTSE100 公司中，IR 职能员工人数平均为 3 个。在欧洲大陆，DAX 指数公司和 CAC 指数公司中，IR 职能员工人数平均为 8.2 个。

为了扩大投资者关系作为一种单独的管理学分工和职能的影响力，加强学习和交流，上市公司投资者关系专职人员、投资者关系顾问联合学术界和社会相关人士成立协会。1969 年全美投资者关系协会（National Investor Relations Institute，NIRI）成立，通用电器投资者关系部门早期的一些创始人员也是这个协会的发起人。目前全美投资者关系协会拥有上市企业会员 1600 多个，个人会员超过 3300人，覆盖了约 9 万亿美元上市公司市值，是世界上最大的投资者关系协会。

同时，全美投资者关系协会是美国证监会的理事单位之一，与全美会计师协会、金融分析师协会等同为享有投票权的理事单位。

随着投资者关系的概念向世界各地传播，英国投资者关系协会、加拿大投资者关系协会等相继诞生。多个国家的投资者关系协会联合创立了全球投资者关系网络（Global Investor Relations Network，GIRN）。目前，GIRN 共有 25 个国家和地区成员，包括美国、英国、德国、日本、加拿大、澳大利亚、新加坡、马来西亚、印度、中东等国家和地区。①

投资者关系引入中国的历史还比较短，2001 年中国部分在海外上市的公司开始开展投资者关系工作（巴曙松、曹梦柯，2007）。为了促进投资者关系的发展，2005 年证监会出台了《上市公司与投资者关系工作指引》，指定公司董事会秘书作为投资者关系工作的负责人，投资者关系职能成为上市公司中普遍存在的一种职能。

2014 年 12 月，中国上市公司协会组建投资者关系管理专业委员会，旨在促进上市公司投资者关系管理工作交流，提高工作水平，推进相关制度进一步完善。12 月 17 日，中国上市公司协会副监事长杨琳在投资者关系管理专业委员会成立大会暨第一次工作会议上表示，② 成立投资者管理专业委员会是上市公司协会贯彻落实投保"国九条"的重要举措，希望委员会积极开展工作，成为上市公司投资者关系管理工作的交流互动平台、专业研究平台、宣传培训平台、资源共享平台。

1.2 投资者关系的理论基础

股票价值变动和监管要求是影响投资者关系职能存在和发展的重要因素，自

---

① Global Investor Relations Network. Links to Members［EB/OL］.［2014-02-10］. http：//www. globalir-net. org/.

② 中国经济网. 中上协投资者关系管理专业委员会成立［EB/OL］.［2014-02-10］. http：//finance. ce. cn/rolling/201412/19/t20141219_4156743. shtml.

由市场环境下上市公司对投资性资本的竞争是投资者关系立足的根本，从更深层次来看，股东中心主义、委托—代理理论、信息不对称理论、关系营销理论和大小股东权益均等理论从不同方面解释了投资者关系活动存在的理论基础（许多、黄佳，2010）。

（1）股东中心主义。股东中心主义的公司权力结构于17~18世纪形成雏形，在19世纪的发达国家，股东大会开始成为公司最高权力机关，特别是20世纪五六十年代，社会公众开始大量参与股票市场，股东中心主义更加盛行。大陆法国家（如德国、日本等）的近代公司立法，曾一度确认了股东大会是最高且万能的机关。传统英美公司法则在很长一段时间内都不承认董事会拥有独立于股东会的法定权力。基于这种股东中心主义，公司股权的投资者被自然而然地赋予大量权利，上市公司有义务对其进行充分的信息披露，并将重大事件提请股东大会决策，从而产生了最初的投资者关系问题。

（2）委托—代理理论。该理论由Coase于1937提出，后由Jensen和Meck-ling（1976）扩展形成，其很多结论都和投资者关系中的信息披露工作有关。他们指出会计信息的作用是监督管理者的行为，从而减少代理成本。Lvthje（2003）进一步认为，因所有权与控制权分离而产生的代理费用增加时，投资者会认为更加需要控制管理层，从而要求更多的信息沟通，付出较高代理成本的公司也会更多地进行信息披露以满足投资者的要求。

（3）信息不对称理论。该理论认为，投资者关系的产生与有效市场假说（EMH、Fathilatu1，2002）有关，真实市场往往并非有效，信息不对称广泛存在于各类市场中，证券市场的信息不对称问题更为严重，主要体现在上市公司与投资者之间的信息不对称。在此体系下，经济学家斯宾塞的劳动力市场信号传递理论可以很容易地延伸到投资者关系方面，为缓解信息不对称问题，内部人士必须通过适当的方式（比如某些特定的投资者关系工作）向市场传递有关信号，使外部投资者了解企业的真实价值（Spence，1973）。

（4）关系营销理论。该理论由美国学者贝利（Berry，1983）提出，并在20世纪80~90年代迅速发展起来。根据该理论，关系营销是指所有旨在建立、发展和保持成功关系的活动。企业在产品市场上，要进行的是客户关系管理

（CRM），投资者关系管理则是客户关系管理在资本市场的沿袭。从某个方面来看，当公司进行股权融资时，如果把股票看成公司的产品，那么这种产品的客户就是公司的投资者。这种情况下，投资者关系管理也应该是客户关系管理的另一种表现形式，也就是说，公司进行的是金融营销。

（5）大小股东权益均等理论。在发达经济体中，健全的市场体系带来相对分散的股权结构。在此基础上，一方面，作为一个重复性博弈过程，合作与互惠是股东间关系得以长期维系的基础（Fuller and Lewis，2002）；另一方面，如Porta 等（2002）指出的那样，大多数国家的大公司中，最主要的代理问题已成大股东与中小股东之间的利益冲突问题。这些理论思想差异使得投资者关系工作的开展逐渐向两个维度延伸：一是如《OECD 公司治理原则》提出的那样，公司应平等对待所有的股东，在此基础上应确保及时、准确地披露所有实质性信息，避免选择性披露。二是如 Bathala、Moon 和 Raol（1994）等认为的那样，大机构持股能够有效监控经营者，同时可以选出更专业的人员来担任股东代表或董事，为公司治理状况的改善和长期经营绩效的提高奠定基础。由此，部分学者认为投资者关系工作的开展应重点以大机构投资者为目标。

1.3 投资者关系的作用

中外很多学者对投资者关系的价值展开了实证研究，并得出了一些有意义的结论。

总体上，上市公司良好的投资者关系水平有助于提升公司市值，只是对不同行业、不同规模级别的公司来说，这个影响可能存在显著的差异。

李心丹等（2007）针对深交所 563 家公司的横截面数据的研究发现，投资者关系管理水平与公司托宾 Q 值呈显著正相关关系，且对于具有较高投资者关系管理水平的上市公司，投资者关系管理水平与托宾 Q 值的正相关性更加显著，这表明投资者关系管理能提升上市公司价值。托宾 Q 值是指企业市值与企业的重置成本的比例，事实上就是股票市场对企业资产价值与生产这些资产的成本的比值进行的估算，高托宾 Q 值意味着高产业投资回报率。Agarwal 等（2008）研究了获得美国《投资者关系杂志》最佳总体投资者关系奖的公司，发现这些公司在获奖后其股票能够在较长时间内持续地为投资人赚取超额收益，并且股票估值乘数也会提高，这些效果对于中小市值的公司尤为明显，对于大市值公司则不显著。Banerjee 和 Coppa（2013）对印度孟买证券交易所 BSE500 成份股的横截面数据的研究发现，对于小市值和大市值公司来说，投资者关系水平与公司价值呈正相关，而对于中等市值公司来说，平均水平的投资者关系是最好的选择，同时在不同的行业，投资者关系对公司价值的影响是不一样的，在油气和健康护理行业，高水平投资者关系有助于提高公司价值，但是在金融、IT、房地产等行业，平均水平的投资者关系是最有利的。此外，整个经济的大环境也会影响到投资者关系的效果。Peasnell 等（2011）的研究发现，在美国市场丑闻频发的 2001～2002年，投资者关系水平比较高的公司，其股价的衰落幅度并不比投资者关系水平一般的公司小，甚至表现得更差。综合这些研究成果可以发现，虽然投资者关系与上市公司价值存在正相关关系，但是其关系可能不是线性关系，更有可能是"S"形或其他关系，或者其正相关关系仅在一定条件下才能成立，但是在总体上，良好的投资者关系与公司市值有一定的正相关关系。

投资者关系活动影响公司权益资本成本。马连福等（2008）以 99 家深圳上市公司的横截面数据为样本，采用股利折现模型计算权益资本成本，发现投资者关系水平与权益资本成本呈现出显著的负相关关系。更直接的证据来自 Chong（2009）的一项研究，他调查发现 89% 的机构投资者愿意为具有良好投资者关系的股票付出一个可量化的溢价，58% 的机构投资者给出的溢价率为 10% 以上。有学者提出，投资者关系的某些活动细分才是真正影响上市公司权益资本成本的要素，而且影响方式是不一样的。Botosan 等（2002）也研究了投资者关系活动对权益资本成本的影响。他们将投资者关系活动的评价分为三类：第一类，强制信息披露，如年报数据的清晰性、完整性等；第二类，自愿信息披露，如季报和新闻发布的清晰性、及时性、全面性等；第三类，交流活动，如分析师的拜访、与高层的会晤和路演等。该研究发现，总体上投资者关系与公司权益资本成本没有关系，但第一类活动与公司权益资本成本负相关，第二类活动与权益资本成本正相关，第三类活动与权益资本成本无关。

良好的投资者关系有助于提高分析师股票收益预测的一致程度。Farraghe 等（1995）发现投资者关系水平与分析师针对每股收益预测的离散程度负相关。Bowen 等（2002）的研究发现投资者关系中的电话会议可以提高分析师的预测准确度并降低离散度。Lang 和 Lundholm（1996）的研究发现投资者关系中的信息披露也具有相同的作用。

投资者关系会影响股价波动。Botosan 等（2002）发现公司发布季报、即时新闻等，会提高股票价格的波动率。Bushee（2004）认为投资者关系对于股价波动的影响来自两个方面：直接影响和间接影响。直接影响应该是降低股价波动，因为投资者关系可以降低信息不对称，但是间接影响则不确定。高质量投资者关系会吸引快进快出型机构投资者，这类投资者的频繁交易将增加股票价格的波动性，同时高质量投资者关系也会吸引类指数型机构投资者，这类投资者则能减少股票价格的波动性。

良好的投资者关系可以增加公司股票的交易量，使公司股票具有良好的流动性。胡艳、赵根（2010）以 2007 年中国 A 股上市公司为样本，检验了投资者关系管理水平与股票换手率和有效流速之间的关系，结果发现投资者关系水平与后两者呈现显著的正相关关系。其中，有效流速表示一个单位的波动幅度所能够达到的转换速度，或者说在一定波动幅度范围内所能够容纳的最大交易量，有效流速能够更好地描述股票流动性。这个研究表明良好的投资者关系能够显著提高股票的流动性。Chang 等（2008）以网络投资者关系活动作为投资者关系水平的评价指标，通过实证研究发现，投资者关系水平与公司股票交易中买单和卖单之间的价差呈显著的负相关关系。而买卖价差是多方和空方对公司股票价格分歧的代理变量，价差小意味着双方分歧较小，能使买卖更容易成交，从而提高股票的流动性。Ly（2010）的实证研究也发现投资者关系水平与公司股票的买卖价差呈显著的负相关关系。Laskin（2011）针对投资者关系从业者的一项调查研究也得出了投资者关系可以促进公司股票流动性的结论。

良好的投资者关系可以增加跟踪分析师的数量。Bushee 和 Miller（2012）采用美国 201 家中小市值公司的数据进行的研究发现，投资者关系活动的增加可以显著提高跟踪分析师的数量。Chang 等（2008）的研究也发现投资者关系水平与跟踪分析师的数量呈显著的正相关关系。Lang 和 Lundholm（1996）针对 700 多家美国上市公司 1985~1989 年的公司信息披露数据和分析师预测数据的研究发现，信息披露政策比较主动、披露的信息量比较大的公司，跟踪分析师的数量就比较多。Laskin（2011）的研究也得出了相同的结论。

投资者关系水平的提高可以扩大投资者的地域分布和增加媒体报道。这在 Bushee 和 Miller（2012）的研究中得到了证实。

良好的投资者关系可以增加机构持股者的持股比例（Chang et al.，2008；Bushee and Miller，2012）。实际上，Brennan 和 Tamarowski（2000）认为，投资者关系水平之所以与公司的价值正相关，是因为两者之间有三层因果关系：首先，有效的 IRM 能够降低跟踪分析师的研究成本，从而增加跟踪分析师的数量；其次，跟踪分析师数量的增加能直接降低交易成本，进而间接提高股票交易量，从而对股票流动性产生很重要的正面影响；最后，股票流动性的提高能直接影响公司的资本成本，进而间接影响公司的股票价格，从而显著影响公司价值。

1.4 投资者关系的战略管理框架

投资者关系作为公司的一项战略管理职责，如何在企业内部建立合适的战略目标，并通过战略实施的各项保证措施达成这些目标，对企业来说具有实践参考意义。接下来，对投资者关系的战略管理框架进行归纳、整理和总结。

1.4.1 上市公司投资者关系的战略目标：公平市场价值

全美投资者关系协会（NIRI）在 2001 年以前对投资者关系的定义中指出投

资者关系的目标是企业价值最大化，但 2001 年以后，NIRI 对投资者关系的定义进行了修改，新的投资者关系定义明确指出了投资者关系管理的战略目标应该是使得企业的证券在公开市场上实现公平价值。公平价值不等于最大价值。加拿大投资者关系协会（CIRI）更是在对投资者关系的定义中去掉了有关实现公平价值的描述，而把投资者关系定义为：投资者关系是公司的战略管理职责，综合运用金融、沟通和市场营销学等方法，实现公司与投资者之间有效的双向信息交流，帮助实现资本市场的公平和效率（CIRI，2006）。这个定义里，提出了投资者关系管理的目标是帮助实现资本市场的公平和效率，而资本市场的公平和效率是企业证券获得公平价值的基础。可见，公平市场价值是投资者关系管理最重要的战略目标。

在实现公平价值这样一个总的战略目标下，投资者关系管理通常具有以下二级目标，包括获得投资者持续的信任、建立稳定和优质的投资者基础、提高公司的透明度、减少投资者和企业间的信息不对称、减少股价的波动、降低融资成本、提高证券交易交投活跃程度、提高公司在资本市场上的知名度、深入了解公司投资者的构成及它们的要求、提高公司治理水平等。这些目标都可以在一定水平上推动总战略目标的实现，例如知名度、证券交投活跃、有一批稳定的投资者等都是公平价值实现的必要条件。

处于不同发展阶段的上市公司，其投资者关系管理的目标的优先程度不一样。很多上市公司可能具有优质资产和良好前景，但是由于不注重投资者关系，可能会发生"酒香也怕巷子深"的现象，可能由于在市场上知名度不高、证券的交投不够活跃，从而不能为战略发展提供足够的资本保证，这个时候，投资者关系管理的优先目标应该是提高企业的知名度。根据 Conger（2004）的研究，资本市场存在"你沟通得越多，你的股票卖得越多"的规律。当公司股票交投不活跃时，提高股票交易量将成为优先目标，因为较高的交易量可以使公司较少地受到股东行为的影响，使股价相对稳定，并使股票对潜在投资者具有较高的吸引力。

1.4.2　投资者关系战略的核心问题：信息披露与沟通

为了实现前述战略目标和二级目标，投资者关系的战略核心问题是信息披露与沟通。首先，企业证券在市场上的价格取决于市场对公司现有以及未来经营状况的判断，这些判断的依据就是上市公司所披露的信息。其次，投资者作为股东与上市公司管理层构成了委托—代理关系，通过信息披露可以降低委托—代理关系中的信息不对称现象，减少逆向选择和道德风险的可能性（程书芹，2008），以及证券市场的无效率和萎缩现象，从而使得市场可以反映出企业证券的公平价值。由此可见，信息披露与沟通在投资者关系管理中处于战略核心地位。

信息披露包括两个层次：一是强制性信息披露，是国家法律法规和交易所上市规则明确规定的，上市公司必须遵照执行。我国相关法律法规包括证监会制定的《股票发行与交易管理暂行条例》《上市公司信息披露管理办法》《关于上市公司立案稽查及信息披露有关事项的通知》《关于规范上市公司信息披露及相关各方行为的通知》，以及证监委以公告形式发布的一系列公开发行证券的公司信息披露内容与格式准则、公开发行证券的公司信息披露编报规则及公开发行证券的公司信息披露规范问答和《上市公司与投资者关系工作指引》等，上交所和深交所也分别制定了相应的条例、规则和投资者关系工作指引。二是自愿性信息披露，是指除了强制性披露之外的信息披露，也就是上市公司在强制性信息披露的基础上，出于公司形象、投资者关系、回避诉讼风险等动机主动披露的财务信息和非财务信息。随着上市公司信息披露制度的逐渐规范，自愿信息披露将成为上市公司吸引投资者的主要手段之一。美国证券监管委员会2003年进行的一项针对《财富》500强企业的调查发现，投资者认为这些公司的年报中最需要改善的部分是管理层讨论和分析部分。

投资者关系管理中的信息沟通不仅仅是企业向投资者披露信息，还包括将投资者对企业的判断、看法和意见建议等反馈给公司管理层，因而投资者关系中的信息是双向的。现在，投资者情报已经成为投资者关系工作中一个重要的组成部分，对企业的重大决策往往具有不可忽略的影响。

投资者关系的沟通方式包括年报、半年报、季报业绩说明会议，路演，网络信息发布和反馈，电话会议，视频广播，面谈，专题研讨会等多种类型。一年一度的年报业绩说明会前往往是首席执行官最忙碌的时候，有趣的是，Brooks 等（1997）的研究发现，这些会议并没有对企业的证券交投量、市场广度和信息不对称产生显著影响。

信息沟通中特别需要注意的是公平披露问题。证监会出台的《上市公司与投资者关系工作指引》中特别强调了投资者机会均等原则，规定公司不得在业绩说明会或一对一的沟通中发布尚未披露的公司重大信息，对于所提供的相关信息，公司应平等地提供给其他投资者。2000 年，美国颁布了《公平披露规则》，要求上市公司在信息披露方面要公平对待各类投资者，包括分析师、公众等。之后美国上市公司普遍开始采用网络广播的方式召开业绩发布会（Thompson，2001），以避免出现选择性披露的现象。

网络信息沟通如今越来越重要，Bollen 等（2008）、郝臣和李礼（2005）在研究中都给出了网站信息披露的建议，包括条目的参考目录、网站特征和性能等。本书在后面的章节中将给出更加详细的建议。

投资者关系沟通中需要综合运用金融和营销的方法。基金界普遍认为好的投资者关系可以把股价提高 20% 左右。这就要求投资者关系管理人员具备良好的知识结构，熟悉公司治理、财务会计等相关法律法规和证券市场的运作机制，具有良好的沟通和协调能力。可见投资者关系管理人员具有较高的素质和能力要求。Heffes 和 Ellen（2008）的一项调查发现，在美国 60% 以上的投资者关系官具有 MBA 学位及 CPA 证书，约 43% 的投资者关系官年收入在 30 万美元以上。

上市公司的信息披露往往是十分敏感的，中国上市公司的常见问题包括信息披露渠道不规范，出现未经授权的信息披露或信息披露不一致，选择性信息披露较多，投资者关系管理人员对于信息掌握得不熟练、不全面等。这就要求公司建立起严格的信息披露规范、投资者关系管理制度以及投资者关系运行机制，在规范信息披露的同时，建立起相应的制度以保证投资者关系管理人员对内部信息的掌握。

1.4.3 投资者关系战略的目标市场：多元化的投资者

简单来看，投资者关系的目标市场显然是投资者，但是随着资本市场的发展，投资者关系的受众越来越复杂，不仅包括大股东、中小股东、战略投资者、机构投资者这些直接和真正的股东，还包括媒体、分析师、评论家等投资者及潜在投资者的代表或中介以及全体资本市场的总代表——政府监管机构。

如同产品在进行市场营销前应该对顾客进行细分并根据顾客的偏好进行产品设计和营销推广一样，在与投资者及其代表打交道以前，企业应该对自己的目标资本市场有所了解，从而有的放矢。

1.4.4 投资者关系战略实施政策：权变管理策略

对于具有不同二级战略目标的企业，针对不同类型的投资者，企业可以采用不同的策略来进行投资者关系管理和信息沟通。马连福和赵颖（2007）提出投资者关系策略可以分为五种，即维持、发展、合作、培养和放弃。针对具有不同二级战略目标的企业和不同类型的投资者，可以采用权变的管理策略。

（1）维持。企业应继续采用原有的投资者关系策略来维持企业与投资者之间的关系，企业应努力使投资者对企业的信任至少维持在原有水平。这种策略适用于交易商类型的投资者和投资者关系管理资源不太充足的上市企业。

（2）发展。企业采用更加有效的投资者关系策略来增强投资者对企业的信任，努力使投资者感知到更大的关系价值。这种策略适用于内在投资者和追求降低融资成本、建立稳定的投资者基础等较多目标的企业。

（3）合作。由于媒体、评论家和政府机构等并不直接投资于企业，而只是作为投资公众代表对企业进行监督、宣传、评价，企业的投资者关系策略只会在一定程度上影响他们，但是他们对企业的影响可能是巨大的，所以企业只能用合作策略来争取他们的好感。

（4）培养。任何一家企业都有潜在的投资者，将这些潜在的投资者转化为内在的投资者甚至战略合作者，需要企业努力培养与他们的关系。对于正在追求扩大知名度的上市企业来说，努力培养与媒体等各方面的关系也是十分迫切的。

（5）放弃。例如对于技术性投资者，无论企业为他们付出多少成本，他们也很难成为内在投资者或者战略合作者，企业没有必要作任何努力，可任其自由发展，这种策略被称为放弃。

除了上述五种策略，由于要面对各种各样的投资者，而且这些投资者的数量经常是巨大的，在网络时代，他们可能具有预料不到的巨大影响力，对于不同投资者提出的问题，投资者关系管理职能部门应该具有一套问题管理办法，并制定一套危机处理预案，从而避免危机的发生。这种策略被称为防御。

1.4.5 投资者关系战略综合框架模型

综合企业投资者关系的战略目标、战略核心问题、战略目标市场和权变管理策略，参照卡罗尔企业社会责任模型，可以建立如图1-1所示的投资者关系战略综合框架模型。

在这个框架模型中，投资者关系的战略目标是公平市场价值，而公平市场价值的实现可以通过二级目标的达成而达到。各个二级目标的实现都依赖于投资者战略的核心问题——信息披露与沟通。上市公司投资者关系战略的目标市场是多元化的投资者，不同投资者关心的信息内容和决策、行为方式是不一样的。通过细分战略目标市场并对不同的目标市场采取不同的战略实施策略，才可以达到预定的二级目标。而战略目标市场的细分与策略选择取决于二级目标。

企业投资者关系战略管理可以围绕这个战略框架进行。任何一家企业的资源都是有限的，例如投资者关系往往需要企业的高管直接参与，董事长、总经理等都需要投入一定的精力，但显然他们还有其他更重要的工作要做。按照这样的战略框架，一定时期内，上市公司追求的战略二级目标不必不面面俱到，可以根据企业的资源情况选择最迫切的目标，通过信息沟通，选择重点细分市场，实施

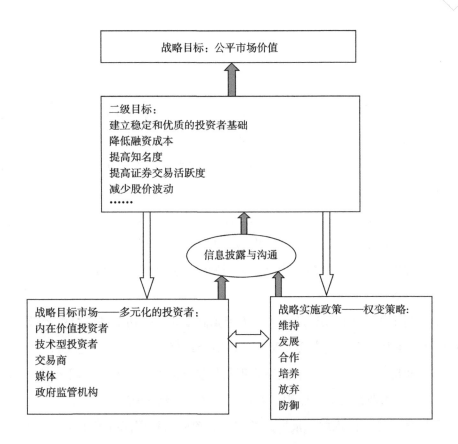

图1-1　投资者关系战略综合框架模型

培养、发展策略，同时对非重点市场实施维持和合作策略，同时准备好防御策略。

　　这个战略框架提供了投资者关系战略的总体思路和工作中的一些重点。但是，关于投资者关系的战略管理尚有很多领域值得进一步探索和思考，例如企业面临不同的发展阶段和外部环境时如何合理制定投资者关系的二级目标、如何建立投资者关系管理机制以更好地促进公司治理水平的提高，以及上市公司投资者战略管理实践的现状和主要问题、投资者关系管理人员的素质能力和知识水平、我国上市公司信息披露中存在的主要问题和对策等都是后续研究可选择的方向。

参考文献

［1］巴曙松，曹梦柯．投资者关系管理的关键是保护中小投资者权益［J］．DIRECTORS&BOARDS，2007（10）：48-50.

［2］程书芹．信息不对称与上市公司投资者关系管理研究［J］．财会通讯，2008（4）：120-122.

［3］冯彦杰，徐波．投资者关系职能研究现状与未来展望——基于平衡计分卡框架［J］．上海对外经贸大学学报，2014（3）：43-57.

［4］郝臣，李礼．中国境内上市公司网站投资者关系栏目实证研究［J］．管理科学，2005（2）：56-61.

［5］胡宇飞．中国IR-从冰火两重天到制度化——访上证所投资者教育中心高级经理袁秀国［J］．董事会，2007（10）：51-55.

［6］胡艳，赵根．投资者关系管理与信息不对称——基于中国上市公司的经验证据［J］．山西财经大学学报，2010，32（2）：96-103.

［7］李心丹，肖斌卿，张兵，等．投资者关系管理能提升上市公司价值吗？［J］．管理世界，2007（9）：117-128.

［8］马连福，胡艳，高丽．投资者关系管理水平与权益资本成本——来自深交所A股上市公司的经验证据［J］．经济与管理研究，2008（6）：23-28.

［9］马连福，赵颖．投资者关系价值研究［J］．中国流通经济，2007（7）：56-58.

［10］Palter R N，Rehm W，Shih J．与投资者沟通，要找准对象［J］．当代经理人，2008（8）：52-54.

［11］王宇熹，肖峻．论上市公司的分析师沟通战略［J］．商业研究，2008（6）：70-74.

［12］许多，黄佳．大型上市银行投资者关系管理的理论及实践［J］．农村金融研究，2010（10）：15-21.

［13］中国证券监督管理委员会．上市公司与投资者关系工作指引

[EB/OL]. （2005-07-11）［2008-11-20］. http：//www. csrc. gov. cn/n575458/n7 76436/n804965/n806153/2034248. html.

[14] 中国证券监督管理委员会. 上市公司投资者关系管理工作指引 [EB/OL]. （2022-04-11）［2023-10-11］. http：//www. csrc. gov. cn/xiamen/c10 5635/c2346208/content. shtml.

[15] Allen C E. Building mountains in a flat landscape：Investor relations in the post-Enron era ［J］. Corporate Communications：An International Journal，2002，7（4）：206-211.

[16] Agarwal V，Liao A，Taffler R，et al. The impact of effective investor rela- tions on market value ［EB/OL］. ［2008-11-20］. http//ssrn. com/abstract=1102644.

[17] Banerjee P，Coppa A D R. Investor Relations and Firm Value ［EB/OL］. ［2013-08-12］. https：//gupea. ub. gu. se/handle/2077/26348.

[18] Bloomberg. The Evolution of the Modern IRO ［EB/OL］. （2013-08-10） ［2023-10-11］. http：//www. irmagazine. com/.

[19] Botosan C A，Plumlee M A. A re-examination of disclosure level and the expected cost of equity capital ［J］. Journal of Accounting Research，2002，40（1）：21-40.

[20] Brennan M J，Tamarowski C. Investor relations，liquidity，and stock prices ［J］. Journal of Applied Corporate Finance，2000，12（4）：26-37.

[21] Bushee B. Identifying and attracting the right investors：Evidence on the be- havior of institutional investors ［J］. Journal of Applied Corporate Finance，2004，16（4）：28-35.

[22] Bushee B J，Miller G S. Investor relations，firm visibility，and investor fol- lowing ［J］. The Accounting Review，2012，87（3）：867-897.

[23] Chang M，D'Anna G，Watson I，et al. Does disclosure quality via investor relations affect information asymmetry？［J］. Australian Journal of Management，2008，33（2）：375-390.

[24] Chong M. Institutional Investors：Assessment of Investor Relations in SGX-

Listed Companies [EB/OL]. (2009-06-01) [2008-11-20]. http: //www. irpas. com/SMU%20IRPAS%20Study%202009. pdf.

[25] CIRI. Definaition of IR [EB/OL]. (2006-01-06) [2008-11-20]. http: //www. ciri. org/.

[26] Farraghe E J, Kleiman R, Bazaz M S. Do investor relations make a difference? [J]. The Quarterly Review of Economics and Finance, 1995, 34 (4): 403-412.

[27] Heffes, Ellen M. Data Defines New Shape of the IRO [J]. Financial Executive, 2008, 24 (7): 10.

[28] Ly K. Investor relations level and cost of capital: Evidence from Japanese firms [J]. Asia-Pacific Journal of Business Administration, 2010, 2 (1): 88-104.

[29] Lang M H, Lundholm R J. Corporate disclosure policy and analyst behavior [J]. Accounting Review, 1996, 71 (4): 467-492.

[30] Laskin A V. A Descriptive Account of the Investor Relations Profession A National Study [J]. Journal of Business Communication, 2009, 46 (2): 208-233.

[31] Laskin A V. How Investor Relations Contributes to the Corporate Bottom Line [J]. Journal of Public Relations Research, 2011, 23 (3): 302-324.

[32] Askin, Alexander V., Kristin Koehler. Investor relations: The state of the profession. 19th International Public Relations Symposium BledCom. 2012: 115-129.

[33] Bollen L H, Hassink H F, Lange R K, et al. Best Practices in Managing Investor Relations Websites: Directions for Future Research [J]. Journal of Information Systems, 2008, 22 (2): 171-194.

[34] Conger M. IR Program Pays off [J]. Financial Executive, 2004, 20 (1): 31-36.

[35] NIRI. Mission and Goals [EB/OL]. (2003-03-01) [2008-11-20]. http: //www. niri. org/about/mission. cfm.

[36] Peasnell K V, Talib S, Young S E. The fragile returns to investor relations: Evidence from a period of declining market confidence [J]. Accounting and Business

Research, 2011, 41 (1): 69-90.

[37] Bowen R M, Davis A K, Matsumoto D A. Do Conference Calls Affect Analysts' Forecasts? [J]. The Accounting Review, 2002, 77 (2): 285-316.

[38] Howard S. IR With A Conscience: Dealing With Socially Responsible Investors [J]. Investor Relations Business, 1999, 4 (17): 1-1.

[39] Brooks R M, Johnson M F, Su T. CEO Presentations to Financial Analysts. Much Ado About Nothing? [J]. Financial Practice and Education, 1997, 7 (2): 19-29.

[40] Thompson L K. Webcasting Explodes with New SEC Disclosure Rules [J]. Investor Relations Business, 2001, 166 (38): 6.

[41] Jensen M C , Meckling W H. Theory of the firm: Managerial behavior, agency costs and ownership structure. Journal of Financial Economics [J], 1976, 3 (4): 305-360.

[42] Lvthje C. Customers as co-investors: empirical analysis in the field of medical equipment [C]. Glasgow: Proceedings from 32th EM A C Conference, 2003.

[43] Fathilatul Z. A. H. , Salleh S. M. & Yusof, M. A. M. Investor relations in developing country: a disclosure strategy [C]. Available at SSRN 383040, 2002.

[44] Michael Spence. Job Market Signaling [J]. The Quarterly Journal of Economics. 1973, 87: 354-374.

[45] Berry L. L. , Gresham L. G. Relationship retailing: transforming customers into clients [J]. Business Horizons, 1986, 29 (6): 43-47.

[46] Fuller, T. , & Lewis, J. 'Relationships mean everything': a typology of small-business relationship strategies in a reflexive context [J]. British Journal of Management. 2002, 13 (4): 317-336.

[47] La Porta, R. , Lopez-De-Silanes, F. , Shleifer, A. and Vishny, R. Investor Protection and Corporate Valuation [J]. The Journal of Finance, 2002, 57 (3): 1147-1170.

[48] Bathala C T, Moon K P, Rao R P. Managerial ownership, debt policy,

and the impact of institutional holdings: An agency perspective [J]. Financial management, 1994, 23 (3): 38-50.

[49] Ki E J, Chung J Y. Corporate web pages as a key communication channel for financial publics [J]. Public Relations Journal, 2011, 5 (4): 1-22.

[50] Hedlin Pontus. The Internet as a Vehicle for Investor Relations: the Swedish Case [J]. The European Accounting Review, 1999, 8 (2): 373-381.

[51] Lattemann Christoph. The Use of ICT in Annual Shareholder Meetings and Investor Relations: an Examination of the German Stock Market [J]. Corporate Reputation Review, 2005, 8 (2): 110-120.

[52] Ettedge M, Richardson VJ, Schloz S. Dissemination of Information for Investors at Corporate Websites [J]. Journal of Accounting and Public Policy, 2002, 21 (1): 357-369.

第 2 章　中外上市公司网络投资者关系

2.1　引言

　　2020 年初，中国人民银行、中国银行保险监督管理委员会、中国证券监督管理委员会、国家外汇管理局和上海市人民政府联合发布了《关于进一步加快推进上海国际金融中心建设和金融支持长三角一体化发展的意见》，提出加快上海国际金融中心建设，推进金融业对外开放，建设与国际接轨的优质金融营商环境。而一个信息公平公正透明的资本市场是营造优质金融营商环境的基本条件。金融信息的透明，离不开上市公司的信息透明。上市公司信息透明最直接的衡量方法，就是观察上市公司投资者关系工作的水平，因为上市公司投资者关系工作是上市公司发布信息的主要渠道。

　　纽约、伦敦、香港国际金融中心是全球公认的国际金融中心。将中国内地的上市公司投资者关系水平与纽约、伦敦、香港等国际金融中心的上市公司进行比较，可以直观地看出我国内地上市公司投资者关系在国际上所处的水平，进而找到差异。通过对差异形成原因进行分析，可以找到我国在建设国际金融中心的过程中，在促进资本市场信息公平公正透明方面，尤其是在促进上市公司的信息透明和信息公平披露上还需要做哪些工作。同时，通过这种国际水平的比较研究，可以帮助上市企业更好地评估自己的投资者关系管理在国内外所处的水平，进而提高自己的投资者关系管理工作的质量。

通过对以往有关投资者关系国际比较的文献进行分析可以发现，大多数投资者关系的国际比较所采用的指标体系都是建立在网络投资者关系的基础上的。

网络投资者关系（WIR）作为投资者关系的一个重要分支，由于具有快捷、低成本和受众广泛的优点，越来越受到重视。很多上市公司都在公司网站上设立了专门的投资者关系栏目。栏目内容包括公司介绍、公司治理、财务和运营信息、股票信息、新闻和会议发布等。研究发现，大多数欧美上市公司和很多中国上市公司的网站上设立了投资者关系栏目（Amir and Andrew，2003；Bollen et al.，2006；冯彦杰、徐波，2008；Eyun-Jung and Jee，2011）。

与此同时，网络投资者关系在投资者信息收集方面也越来越重要。马肯森（Makinson Cowell，2000）的研究发现，3/4 的机构投资者在与上市公司管理层会面前会浏览该公司网站的信息。美国证监会主导的一项调查（Abt SRBI，2008）发现，38%的将网络作为主要投资信息来源的个人投资者将公司网站作为主要的信息源。

由于网络投资者关系指标更容易采集，其在投资者关系中的作用也非常重要，本书也同样采用网络投资者关系作为国际水平比较的基础。

2.2 网络投资者关系的国内外研究进展

较早的网络投资者关系研究侧重于对公司运用网络开展投资者关系活动的情况及其质量进行实证研究。Lymer（1997）对英国上市公司的调查发现，仅有24%的公司在网站上进行了财务信息披露。Hedlin（1999）的调查发现，瑞典公司从 1996 年起开始在网站上增加投资者关系的相关内容，如年报、中报和新闻等。2000 年，全国投资者关系协会的报告显示，74%的公司会员在公司网站上设立了投资者关系栏目（Amir and Andrew，2003）。郝臣、李礼（2005）调查了400 家中国上市公司利用网站开展投资者关系的情况，发现 21.5%的公司有投资者关系栏目。

之后，学术界针对网络投资者关系主要开展了两个方面的研究：一方面是对于网络投资者关系的意义与作用的研究，另一方面是对于网络投资者关系水平的影响因素的研究。

在对于网络投资者关系的作用的研究上，Brennan 等（2000）认为，如公司投资者关系活动的水平较高，将降低分析师获得信息的成本，从而有更多的分析师跟踪该公司，进而提高公司股票的流动性。Lattemann（2005）对德国 DAX30 公司进行了实证研究，结果表明公司提高与投资者的网络沟通水平有利于降低公司的再融资成本。Chong（2009）等对新加坡的 27 家机构投资者进行了问卷调查，调查结果表明机构投资者对于拥有较高投资者关系管理水平的公司愿意支付10%以上的溢价。Banerjee 等（2011）的实证研究发现，网络投资者关系水平与公司价值呈正相关关系。国内从 2007 年开始，陆续出现了这方面的研究。杨德明等（2007）的实证分析发现，上市公司投资者关系管理对公司市场价值产生了显著的促进作用。李心丹等（2007）的研究发现，投资者关系管理能提升上市公司价值，上市公司的投资者关系管理水平越高，其对公司价值的正面影响越加明显。马连福等（2008）的实证研究也表明，投资者关系管理水平对权益资本成本有明显的积极作用。国内这些研究虽然不是专门针对网络投资者关系的，但网络投资者关系都是这些文献中投资者关系水平评价的重要构成要素。

在对于网络投资者关系水平的影响因素的研究上，Ettredge 等（2002）研究了美国 220 家公司，结果发现网络投资者关系中强制信息披露的条目质量主要与公司规模相关，而自愿信息披露的条目数量和质量与公司规模、对外部资本的需求、信息不对称情况和公司披露信誉相关。国内相关研究（林斌等，2005；李心丹等，2006；赵颖，2010）发现，公司规模、流通股比例、管理层持股比例、公司再融资需求、适当的股权集中度等是影响国内上市公司网络投资者关系水平的主要因素。Geerings 等（2004）以及 Bollen 等（2006）将国家（地区）因素考虑进来，发现公司所在国家（地区）这一因素与网络投资者关系水平密切相关。

　　国外有关国家或地区之间网络投资者关系水平的比较研究大部分是对在同一家交易所上市的来自不同国家或地区的公司的比较，或对基本语言为同一种语言的来自不同国家或地区的上市公司的比较。

　　Geerings 等（2004）考察了在泛欧证券交易所上市的 150 家（比利时、法国和荷兰各 50 家）市值最大的公司利用互联网开展投资者关系活动的情况，并建立了一个网站投资者关系评价指标体系，包含上市公司网站上的五大类指标：年报和中报、新闻发布和深度信息服务、因特网演示优势信息、电子邮件和邮件直接联系、录像录音和网络会议参与，五大类指标下设 29 个评价指标。结果发现，比利时、法国和荷兰的平均指标覆盖率（指标平均得分与指标数量之比）分别为 48%、59% 和 61%。

　　Khadaroo（2005）以新加坡海峡时报 50 指数和马来西亚 KLSE100 指数所包含的 145 家上市公司为研究对象，对比了他们利用网络进行企业信息沟通的情况。对比指标评价体系分为 4 大类，共 39 个网络条目。4 大类分别是网页属性和工具设置、投资者关系联络和超链接、董事会和管理层、财务报告。该研究并没有提供总体的统计结果，只对单个条目进行了对比和分析。本书通过对该研究的统计数据进行再加工发现，新加坡上市公司对这 39 个指标的覆盖率为 49%，而马来西亚上市公司的覆盖率为 43%。

　　Bollen 等（2006）在 Geerings 等（2003）的研究基础上，又加入了 120 家（英国、澳大利亚和南非各 40 家）公司，统计了 270 家公司的投资者关系水平。研究结果发现，英国公司以对评价指标 66% 的覆盖率居各国第一位，而比利时以 48% 的覆盖率居各国最后一位。各国的平均覆盖率为 59%，总的来看，各国之间差异较小。

　　目前国内有关网络投资者关系水平国际比较的文献非常少。冯彦杰、徐波（2008）为了比较上交所与港交所上市公司的投资者关系水平，建立了一个基于上市公司网站的 33 个评价指标的评价体系，并以上证 50 指数和恒生指数成份股为对象进行了数据统计分析。研究发现，上交所公司指标覆盖率为 42%，港交所公司指标覆盖率为 53%。港交所公司网络投资者关系水平高于上交所公司。

　　从上述文献综述可以看出，对于网络投资者关系的研究可以说是方兴未艾。

网络投资者关系的重要性已经达成共识，影响网络投资者关系水平的因素得到了广泛的讨论，而跨越语言和跨越交易所的有关网络投资者关系水平国际比较的研究则很少，将中国与国外的情况进行比较的更是少见，系统性地针对网络投资者关系的相关法律法规、规制进行国际比较与分析的文献几乎没有。而推动中国资本市场发展，提升中国资本市场的国际竞争力和建设国际金融中心，非常需要国际对比分析方面的研究。因此，接下来对中外上市公司网络投资者关系的水平做一个系统的比较。

2.3 网络投资者关系水平国际比较的样本选取

　　美国和英国是比较著名的国际金融中心所在地，中国香港则是国际金融中心城市之一。为了比较中国内地与国际金融中心的差异，样本选取了美国、英国、中国内地和中国香港比较常用的蓝筹指数成份股公司作为比较各区域投资者关系水平的代表性公司。美国选取了既包括纽约证券交易所的公司也包括纳斯达克证券交易所的上市公司的道琼斯工业平均指数成份股公司，共30家。英国选用的是伦敦金融时报100指数中权重较大的30家公司，其中既包含总部位于英国的公司，也包括基本经营活动或总部位于澳大利亚和南非的公司。中国香港选用的是比较著名的恒生指数的成份股公司，共48家。中国内地则采用了巨潮40指数成份股公司，该指数选取的是成交量和市值较大的40家中国内地的上市公司，其中既包括上海证券交易所的上市公司，也包括深圳证券交易所的上市公司。表2-1是关于样本股公司来源、总市值和流通市值覆盖率等的说明。

表2-1 样本股说明

样本股来源	道琼斯工业平均指数	伦敦金融时报100指数前30家公司	恒生指数	巨潮40指数
样本股数量	30	30	48	40

样本股来源	道琼斯工业平均指数	伦敦金融时报100指数前30家公司	恒生指数	巨潮40指数
国家/地区	美国	英国	中国香港	中国内地
交易所	纽约/纳斯达克	伦敦	香港	上海/深圳
样本股总市值	37816亿美元	11353亿英镑	122245亿港币	81859亿人民币
流通市值覆盖率（%）	22	65	60	47
P/E	17.45	12.2	11.62	11.54
数据引用日期	2012-01-31	2012-01-31	2012-02-29	2012-01-31

注：伦敦交易所样本股的P/E值为LSTE100的数值，而非该指数市值前30家公司的数据，其余栏目均为前30家公司的数据；流通市值覆盖率指所选取样本股的市值与所在交易所的所有上市公司股票的流通市值的比率。

资料来源：由各指数公司与各交易所发布的相关统计数据综合而成。

从表2-1可以看出，样本股市值覆盖率最小为22%，最大为65%，对这4个国家和地区的所有上市公司具有非常高的代表性。

来自不同国家和地区的样本股有一定的重合。汇丰银行在伦敦证交所和香港证交所同时上市；恒生指数和巨潮40指数成份股有11家重合，包括中国石油、中国石化、中国神华、中煤能源、中国铝业、交通银行、工商银行、中国银行、中国平安、中国人寿、中国联通，所以实际的样本股数量为136家。

2.4 网络投资者关系水平评价指标

2.4.1 投资者关系水平评价指标计算方法和数据采集

参考已有文献，投资者关系水平评价指标体系以上市公司网站投资者关系相关内容、工具、设置条目的统计作为评价指标的构建基础。各公司投资者关系水平评价指标的计算公式为：

$$IR_i = \sum_{j=1}^{n} ITEM_{ij}(ITEM_{ij} = 0，if\ 条目\ j\ 不存在；ITEM_{ij} = 1，if\ 条目\ j\ 存在)$$

其中，IR 为公司的投资者关系水平得分，i 为公司编号，j 为网站内容条目的编号，n 为网站上各类条目的数量，$ITEM$ 为条目值得分。

各上市公司条目值的采集时间为 2012 年 1 月底至 7 月底。

已有文献虽然将网站投资者关系相关内容条目统计作为广泛使用的投资者关系水平评价指标体系（郝臣，李礼，2005；李心丹等，2006），但是在提取网站投资者关系内容时，由于中国公司网站条目较少，设立的指标中超过 40 项条目的很少见。而且，指标中对公司治理方面的内容的统计很少或没有。而公司治理相关内容通常是股东比较关心的内容。通过对英国、美国上市公司的网站的统计发现，其投资者关系栏目中提供的内容和工具条目非常丰富，大大超过这个数量。如果指标较少则无法真正总结提炼出各国之间的差异。

为此我们以上市公司网站里的投资者关系栏目内容和公司治理相关内容为主要评价基础，辅之以上市公司网站上公司介绍方面的内容和公司新闻发布条目，通过对样本股公司网站的多次反复统计，对统计条目进行反复推敲、增减，最终将评价指标体系的指标确定为 7 大类一级指标、76 项二级指标。一级指标是对上市公司网站内容和工具大类的划分，二级指标是网站相关内容和工具的具体条目。除了因制度差异剔除的条目外，这个指标体系基本覆盖了样本股公司的大部分相关内容。

进行指标统计时，并不仅仅以是否存在该条目为标准，还需要看该条目是否有更新和是否有实质性内容。具有时间特征的半年内没有更新过的和仅有名称没有实质性内容的条目，视同条目不存在。

2.4.2 各个国家和地区之间投资者关系条目差异的处理

由于各个国家和地区存在制度、语言习惯和国情上的差异，如何处理这些差异，建立一套具有相对公平的评价基础的统一评价指标体系，是进行国际比较，尤其是跨越不同语言、国别和不同交易所进行比较时，必须直接面对的问题。为此，需要对这些差异进行深入了解，合理地设置指标，具体方式如下：

（1）某些因为国家和地区制度的差异而产生你有我无的条目，予以单独统计，进行国际横向比较时予以剔除。英美的投资者需要单独为股票收益报税，所以很多公司的网站上设置了税收计算工具条目，而中国目前还不存在这个问题，所以这类条目是不可能出现的。美国很多上市公司提供面向个人的股票直接购买服务，因此这种服务出现在很多美国上市公司的投资者关系栏目中，由于中国目前还没有这方面的政策，此类条目也不可能出现。这类因为制度差异而予以单独统计并被从国际比较基准中剔除的条目包括直接购买股票工具、税收计算工具、股票分红直接存款或再投资服务、股票账户网上管理、代理人持股服务、股票过户代理商或注册商这6个条目。

（2）某些因为制度或国情差异产生的条目，你有我无的，用我有你无的予以替代，从而使大家比较的条目数量基准更加一致。例如，在公司治理这个一级指标下，英美公司网站较常出现执行委员会章程这个条目，而在中国，执行委员会这种机构很少见。中国上市公司都设有监事会，而英美上市公司没有。那么对于中国上市公司，执行委员会规则/章程这个条目就替换成监事会议事规则。

（3）因国情差异而导致条目名称存在差异但实质内容一样或相似的，予以合并。例如美国很多公司的网站上都设有TWITTER、FACEBOOK等工具的链接，并且会在这些媒体上发布财经信息，而中国公司使用的此类工具主要是新浪微博、腾讯微博，由于实质上都是使用新型媒体发布信息，所以都放到新型媒体工具指标下。

（4）因语言习惯差异而导致条目名称不同但实质内容一致或相似的，予以合并。例如英国的董事会下设立的各种委员会的章程名称为"Terms of Reference"，而美国的委员会章程名称为"CHARTER"。对于这类差异，在确认实质内容一致或很相似后，统一放在一个指标下。

（5）中国很多公司将投资者关系信息的发布外包给了第三方平台，在自己的网站上相关信息则很少。考虑到这种情况比较普遍，在统计中国公司的网站条目得分值时，将第三方平台上发布的信息予以合并。

2.4.3　指标划分及其含义

7 大类一级指标分别是：公司概况，公司治理，用户便利工具与设置，财务与运营信息披露，股票信息，业绩、新闻与其他会议发布，股东服务。

第一类指标为公司总体介绍方面的内容，这些介绍是投资者了解和认识一家公司的起点，并可以通过其战略定位等分析其发展潜力和前景。

第二类指标为公司治理相关信息和规范文件的披露。投资者从这类内容中可以了解到公司治理的结构，公司与投资者沟通的规则，公司注册证书和公司章程等。公司的章程明确了股东的权利和义务，对投资者具有重要的参考价值。公司治理相关内容因各国关于公司治理及其披露方面的法律法规、指引的不同而有所不同，根据各国家和地区实际情况的不同，有很多替代情况。

（1）公司治理准则/董事会议事规则。纽约证券交易所要求境内注册的上市公司制定和披露公司治理准则，而中国公司因为没有这方面的要求而很少有披露，所以对于中国公司，将这些条目代之以内容具有一定相似度的董事会议事规则。英国公司的治理准则通常是遵守英国公司治理准则（The UK Corporate Governance Code），如果在某些方面没有遵守，则需要在年报中进行披露并解释原因，所以英国公司通常也没有自己制定的治理准则。英国公司的这个条目被代之以董事会章程等条目。

（2）执行委员会规则、章程/监事会议事规则。由于执行委员会这种机构在中国很少见，故以在中国比较常见的监事会议事规则替代。

（3）道德守则/行为准则/股东大会议事规则。纽约证券交易所规定，上市公司必须制定并在其网站上披露适用于董事、高级职员和雇员的职业行为和道德规范，并及时披露对该等准则的任何免除。中国没有这方面的要求，故而这种条目不大见得到，于是用比较常见的股东大会议事规则替代。

（4）总经理、财务经理声明/治理准则遵守声明/战略投资委员会章程。总经理、财务经理声明主要针对美国公司，根据纽约交易所公司治理规定，上市公司的首席执行官每年必须向纽约交易所认证其未发现公司有违反纽约交易所上市公司治理规则的情形。治理准则遵守声明主要针对英国公司和中国香港的公司，这两个地区关于公司治理准则都遵循"不遵守就解释"原则，所以需要这样一个声明。对于中国内地的公司这个条目下统计的是战略投资委员会章程，证监会出台的《上市公司治理准则》推荐上市公司设立该机构。

（5）内控、风险管理办法/内幕知情人管理办法。经历21世纪初一系列金融丑闻和危机后，美国和英国的管制机构都致力于推动上市公司建立更加严格的内控和风险管理办法。在中国内地上市公司这种条目还很少见，内幕知情人管理办法见之于较多的中国上市公司。当然个别英美上市公司中，这两种管理办法都存在，会由于合并统计而使统计结果产生些微误差。

第三类指标是为用户提供各种便利的友好工具和设置，包括为网页阅读和信息订阅方面提供便捷的各种工具和设置等。在英国公司网站上普遍存在着分析员工具（Interactive Analyst）这一专门条目，供跟踪公司的分析员将公司的各种历史数据合成各种统计图表，这种条目为分析员的工作节省了大量的时间，是非常友好的一种工具。

第四类指标用来评价公司发布的财务与运营信息的完备性和友好性。

第五类指标用来评价公司提供的公司股票相关信息的完备性和友好性。

第六类指标评价公司新闻发布、业绩发布会PPT演示文稿、公司高层在其他会议上的讲话、演讲的友好性、完备性。其中有两个在中国不大见得到的指标：一是高管层在其他会议上的讲话、演讲。英美很多公司将公司高管出席由证券公司等组织的投资者会议、在大学发表演讲或者在某些行业会议上发表讲话的相关信息也公布在公司网站上，公布的形式包括网络直播和发布会议演讲稿等。二是年报/业绩发布会专门互动阅览/观看网站。一些公司将年报做成专门的图文互动网站，还有一些公司将发布会的录像和这些图文结合，让使用者可以快速找到自己感兴趣的年报的每一部分的图片说明、文字介绍和公司管理层对该部分的阐释录像等。

第七类指标是公司在网站上为股东提供的各种服务工具和信息。

2.5　中外网络投资者关系水平的比较

2.5.1　各国家和地区的总体比较

各国家和地区代表公司投资者关系水平的平均值的统计数据如表 2-2 所示。从表 2-2 中可以看出，代表美国水平的道琼斯指数成份股公司（以下简称美国道指成份股）和代表英国水平的伦敦金融时报指数 100 成份股中的前 30 家公司（以下简称英国伦敦 FTSE30）的平均分、最高分、最低分、众数、标准差、标准误差都十分相近。这表明两个国家的上市公司的投资者关系水平基本相当。

表 2-2　各国家和地区投资者关系水平描述性统计及其比较

	统计指标	美国道指成份股	英国伦敦 FTSE30	中国香港恒指成份股	中国巨潮40 成份股
1	平均数	45.4	45.7	25.4	23.0
2	指标覆盖率（%）	60	60	33	30
3	标准误差	1.1	1.1	1.3	1.5
4	中位数	46.0	45.0	26.0	25.0
5	众数	52.0	54.0	26.0	26.0
6	标准差	6.2	6.2	9.1	9.5
7	方差	38.2	38.5	82.2	90.6
8	最小值	33.0	35.0	6.0	6.0
9	最大值	57.0	57.0	45.0	40.0
10	求和	1361.0	1370.0	1218.0	918.0
11	观测数	30.0	30.0	48.0	40.0
12	置信度（95.0%）	2.3	2.3	2.6	3.0
13	所有样本公司的平均值	32.9			

	统计指标	美国道指成份股	英国伦敦FTSE30	中国香港恒指成份股	中国巨潮40成份股
14	国家和地区平均分之标准误差	6.2			
15	国家和地区平均分之标准差	12.4			

注：指标覆盖率＝平均分/二级指标总数。

比较中国香港恒生指数成份股（以下简称中国香港恒指成份股）和中国巨潮40指数成份股（以下简称中国巨潮40成份股）的得分可以发现，两者也是比较相似的，表明这两个地区的投资者关系水平基本相当。中国香港的得分只略高于中国内地的得分。而在2008年的中国香港与上海的对比研究中（冯彦杰、徐波，2008），中国内地与中国香港的投资者关系水平差距比较明显。本书的研究表明，中国内地的投资者关系经过3年多发展取得了一定的进步。

比较中国香港、中国内地和美国、英国数据的平均数、中位数和众数，可以发现，美国和英国的投资者关系水平明显高于中国香港和中国内地的水平，而且两者的差距还是比较大的。按平均分来看，美国公司比中国香港和中国内地的公司分别高出79%和98%。而且，美国和英国公司得分中平均分都高于中国香港和中国内地的公司的平均值。

中国香港和中国内地的公司的标准误差和标准差显著大于美国和英国的公司，表明前两个地区，在同一个地区内部公司之间的投资者关系水平差异较大，参差不齐；而英国和美国，在同一地区内部公司之间的差异相对较小。

比较国家和地区平均分的标准误差、标准差和各区域内部的标准误差和标准差，发现前者远远大于后者，说明区域之间的差距大于区域内部公司之间的差异。

从表2-3可以看出，如果以绝对水平来衡量，英美公司的得分还会更高。

表2-3 加上因法律差异去掉的指标后英美公司的得分统计

指标	平均分	最高分	最低分	中位分	标准差
美国道指成份股	48.2（59%）	59.0（72%）	37.0（45%）	48.5（59%）	6.3
英国伦敦FTSE30	48.1（59%）	60.0（73%）	38.0（46%）	46.5（57%）	6.6

注：小括号中的百分比得分＝得分/二级指标总数。

2.5.2　各国家和地区得分排名前 5 的公司

从表 2-4 可以看出，各个国家和地区的领先公司表现出鲜明的行业特征。美国公司中，高科技公司是引领潮流的，5 家上榜公司中 3 家是高科技公司。英国公司前 5 名中的 4 家公司——英美资源集团、英国石油、荷兰皇家壳牌和英国天然气集团都是资源型公司，而中国香港和中国内地的领先公司中，以金融行业公司居多。[①]

表 2-4　各国家和地区得分排名前 5 公司的名称与得分

排序	1	2	3	4	5
美国道指成份股	Intel Corporation	General Electric Company	Wal-Mart Stores Incorporated	Cisco Systems, Inc	Hewlett-Packard Company
	57	53	52	52	52
英国伦敦 FTSE30	Anglo American PLC	Unilever PLC	BP PLC	RDS PLC	BG Group PLC
	57	55	54	54	54
中国香港恒指成份股	中银香港	汇丰控股	中电控股	中国平安	工商银行
	45	44	40	39	38
中国巨潮 40 成份股	宝钢股份	中国平安	工商银行	苏宁电器	中信银行
	40	39	38	36	34

2.5.3　各国家和地区二级指标得分百分比比较

从表 2-5 可以看出，英国公司对于公司历史、公司战略、公司社会责任、公司并购史和公司信誉评级这几方面的信息比较重视。英国公司对于公司战略方面的信息披露尤其令人印象深刻，很多公司都有针对公司战略的多媒体说明，内容

---

①　由于道指成份股不包括金融行业和公用事业行业的公司，这种行业特征的对比有一定的不全面性。

翔实且丰富。美国公司对于业务单元划分方面的内容比较重视，大概是出于为股票分析师的工作提供便利的动机。股票分析师在分析和预测一家公司的业绩时，大都需要从各个业务分支开始预测。而根据 Bushee 等（2009）等的分析，跟踪一家公司的股票分析师增加，则该公司的估值就会提高。

表 2-5　公司概况类二级指标得分百分比　　　　　　单位:%

	公司概况	美国道指成份股	英国伦敦FTSE30	中国香港恒指成份股	中国巨潮40 成份股
1	公司简介	100	100	100	100
2	公司历史	87	97	71	45
3	行业概览	7	27	8	5
4	业务单元划分/分支结构描述/组织结构图	70	60	35	30
5	战略规划/价值观、公司使命陈述	67	73	17	18
6	公司社会责任/可持续发展	47	63	29	45
7	奖励与认可	33	7	23	23
8	并购史	7	20	0	0
9	信誉评级	20	53	31	13
	平均	49	56	35	31

从表 2-6 可以看出，英国公司尽管在关联交易管理办法这项指标上得分为0，其总分还是领先的，原因在于其在多项指标上均占据领先地位。例如在关于三大专业委员会的章程的披露、对于公司治理守则的遵守声明等指标上，得分都非常高。可见伦敦上市公司在公司治理相关信息的披露上普遍比较规范。中国公司在很多指标上的得分远低于其他国家和地区，包括公共政策/社会责任章程等，说明中国公司在这些方面尚需进一步提高。

表 2-6　公司治理类二级指标得分百分比　　　　　　单位:%

	公司治理	美国道指成份股	英国伦敦FTSE30	中国香港恒指成份股	中国巨潮40 成份股
10	董事长/董事局主席致辞	13	10	8	15

续表

	公司治理	美国道指成份股	英国伦敦FTSE30	中国香港恒指成份股	中国巨潮40成份股
11	审计委员会章程	93	93	85	58
12	提名、治理和政策委员会章程	93	93	69	20
13	人力资源/薪酬委员会章程	93	93	81	30
14	公司治理准则/董事会议事规则	93	70	19	53
15	执行委员会规则、章程/监事会议事规则	60	17	23	45
16	道德守则/行为准则/股东大会议事规则	87	73	42	48
17	董事会名单和个人履历	97	97	92	78
18	高管层名单和个人履历	83	90	69	78
19	公司登记证书/注册证书	80	7	2	0
20	公司章程	87	80	85	70
21	公共政策/社会责任章程	63	67	17	8
22	投资者沟通规则/信息披露管理办法	13	37	38	45
23	总经理、财务经理声明/治理守则遵守声明/战略投资委员会章程	10	100	21	33
24	内控、风险管理办法/内幕知情人管理办法	17	67	31	38
25	董事股票交易披露	10	20	6	8
26	关联交易管理办法	17	0	8	38
	平均	59	60	41	39

从表 2-7 可以看出，英美公司积极利用各种网络技术为用户提供各种形式的实时信息，很重视投资者关系栏目的用户友好性，并尽可能为用户浏览其投资者关系信息提供各种便利。英国公司的分析师工具相信会受到投资者关系信息的主要用户——股票分析师的极大欢迎。

表 2-7　用户便利工具与设置类二级指标得分百分比　　　　单位：%

	用户便利工具与设置	美国道指成份股	英国伦敦FTSE30	中国香港恒指成份股	中国巨潮40成份股
27	新闻邮件订阅	87	80	31	8
28	简易供稿：RSS/Briefcase	83	63	23	15

续表

	用户便利工具与设置	美国道指成份股	英国伦敦FTSE30	中国香港恒指成份股	中国巨潮40成份股
29	移动设备应用文件：Podcast/Itunes 等	37	50	0	0
30	年报等书面资料索取/公司宣传杂志订阅	73	83	21	8
31	浏览网站所需工具下载：PDF/ADOBE FLASH	47	47	31	8
32	网站内容关键词搜索	90	87	63	25
33	在投资者关系栏目里是否有新闻	90	77	44	38
34	在投资者关系栏目里是否有公司治理	73	53	65	58
35	在投资者关系栏目里是否有公司概况	60	70	44	63
36	分析师工具	3	23	4	0
	平均	64	63	33	22

表2-8 再次表明，美国公司在利用新技术为用户提供便捷方面居领先地位，43%的公司提供财务报告的 XBRL 版本，交互版本也很普遍。英国公司则紧随其后。中国内地和中国香港公司大都只提供 PDF 版本，没有或很少 EXCEL 格式和 XBRL 格式，为阅读和使用公司财务报告造成了一定的不便。

表2-8 财务与运营信息披露类二级指标得分百分比　　　　　　单位:%

	财务与运营信息披露	美国道指成份股	英国伦敦FTSE30	中国香港恒指成份股	中国巨潮40成份股
37	PDF 格式	97	100	100	100
38	WORD/HTML 格式	80	77	2	5
39	EXCEL 格式	57	47	2	0
40	XBRL 格式	43	3	0	0
41	交互版本	80	77	29	3
42	关键运营指标数据披露/分支业务经营情况统计	37	43	40	23
43	营收与利润的历史数据一览	53	53	63	48
44	关键财务与运营数据比例	30	23	42	48
	平均	60	53	35	28

表 2-9 中，英国公司在分红计划方面遥遥领先，67%的公司具有分红计划，表明大多数公司经营稳健，并且非常重视股东的利益，而与之形成鲜明对比的是中国巨潮 40 成份股没有一家公司在分红方面表现出主动姿态。英美公司在历史股价查询和股票回报计算工具上的普及也让人印象深刻，表明了公司在营销自己的股票时愿意提供最详尽的信息的一种积极态度。

表 2-9　股票信息类二级指标得分百分比　　　　单位:%

	股票信息	美国道指成份股	英国伦敦FTSE30	中国香港恒指成份股	中国巨潮40 成份股
45	发行、分拆、增发	87	17	10	43
46	股价历史数据一览	87	93	54	40
47	分红历史	93	97	46	68
48	股票报价	97	100	75	80
49	追踪分析员	53	33	31	33
50	分析员业绩预测	17	17	2	8
51	历史股价查询工具	87	80	23	3
52	股票回报计算工具	70	83	4	3
53	股票图表	90	87	58	70
54	股东大会投票/代理投票资料	83	40	25	3
55	公司持股人分布	27	50	19	65
56	分红计划	7	67	2	0
57	在交易所发布的公告	100	80	96	95
	平均	69	65	34	39

从表 2-10 可以看出，英国公司业绩发布会的网络音频广播的普及率达到了100%，而中国内地只有 35%的公司做到了这一点。这方面内容的缺失，使无法亲身参加各上市公司的业绩发布会议的中小股民面临信息不对称的明显劣势。英美公司对会议文字记录十分重视，表现出对全体投资者的一种公平态度和精确传达信息的认真负责精神。

表 2-10　业绩、新闻与其他会议发布类二级指标得分百分比　　单位:%

	业绩、新闻与其他会议发布	美国道指成份股	英国伦敦FTSE30	中国香港恒指成份股	中国巨潮40成份股
58	业绩发布会 PPT 演示文稿	93	100	65	45
59	高管层在其他公开会议上的讲话、演讲PPT 演示文稿	83	87	6	0
60	业绩发布会议网络音频广播	90	100	48	35
61	高管层在其他公开会议上的讲话、演讲网络音频广播	83	53	2	3
62	业绩发布会议视频广播	27	83	35	15
63	会议演讲、问答的文字记录	63	77	8	23
64	音频或视频下载	70	23	8	5
65	媒体报道	20	3	0	13
66	公司新闻发布	100	93	83	88
67	使用新媒体工具发布新闻，比如 FACE-BOOK/TWITTER/新浪微博等	43	43	6	5
68	业绩发布会新闻稿	93	87	52	20
69	年报/业绩发布会专门互动阅览/观看网站	27	60	4	18
	平均	66	68	27	22

关于高管层参加外部会议的信息披露，中外更是形成了鲜明的对比。中国公司很少披露，而英美公司则大部分进行了披露。

Bushee 和 Miller（2009）的研究发现，公司高管在外部的投资者会议上的演讲会影响到会议期间及前后的公司股票交易量、股票价格波动情况。Bushee、Jung 和 Miller（2009）的研究发现，这类会议的主办方、举办地点、参加人数和行业主题等因素都会影响到演讲公司的即时股票交易情况，而且长远上会影响到跟踪分析师的数量和机构投资者的数量。他们认为会议现场的氛围、环境和互动情况等都会影响信息发布人员发布信息的深度和广度，并可能带来一些私下的信息披露。

尽管很多英美公司为避免不公平披露，会对这些外部会议中自己公司进行演讲的时间和地点进行预告，并同时在网络上直播现场演讲，但由于会议并非全过程全方位直播，而参会人员必须受到邀请或付出一定的费用才能参加，并且与会人员也将进行很多私下的接触，这些仍然引起了美国学术界对于这种会议有可能带来的不公平披露问题的担心。

中国公司很少在这方面进行信息披露，对资本市场的信息公平造成了一定的影响。

另外，对于新媒体的使用上，英美公司处于领先地位。这一方面说明这些公司重视通过新技术的应用为用户提供更及时的信息，另一方面说明公司在根据用户的媒体使用习惯及时调整自己的信息发布渠道，从而尽力为客户提供最及时的信息。

表 2-11 中，英国公司对于投资者日历的重视令人印象深刻，可以发现英国公司非常重视工作的计划性，同时也表明了对股东的负责态度。中国香港和中国内地的很多公司没有完整的投资者关系人员的联络方式，一方面说明了这项工作在中国还没有得到重视，另一方面也反映出中国公司与投资者交流的积极性不高。电子/网上投票项目在各个地区得分都不高，表明这项工作在全球范围内有待进一步推进。

表 2-11 股东服务类二级指标得分百分比 单位:%

	股东服务	美国道指成份股	英国伦敦FTSE30	中国香港恒指成份股	中国巨潮40成份股
70	股东常见问题问答	73	80	29	33
71	投资者日历	77	93	54	33
72	投资者关系部门、人员的联系电话、电子邮件	97	97	65	60
73	投资者论坛/俱乐部/网上问答	7	3	2	28
74	电子/网上投票	17	17	0	0
75	股份回购项目	3	30	4	0
76	投资者关系词汇表	7	27	6	8
	平均	40	50	23	23

2.6 中外上市公司投资者关系水平差异的 特点总结及原因分析

2.6.1 中外上市公司投资者关系水平差异的特点总结

从数据统计结果可以看出，作为世界公认的国际金融中心所在地，美国和英国两个国家的上市公司在投资者关系水平上保持着很高的领先水平，表现出如下特点：

（1）信息提供的完备性很高。在公司情况介绍、财务信息、会议信息等各类信息方面都具有相对很高的得分。

（2）信息提供有很好的便捷性和友好性。比如各种版本的财务报告、图文声像结合的年报专门网站、新闻邮件订阅和简易供稿的普及、分析师工具的提供等。

（3）提供信息的实时性很强。比如内部和外部会议的网络同步直播普及率高，利用新型媒体发布即时消息等。

（4）信息提供的精确性比较高。突出表现在对于业绩推介会和外部会议的演讲和问答的文字记录的发布上。

（5）表现出很高的为股东服务的导向。例如及时更新投资者日历，投资者关系联络方式清晰，股票回报计算工具、历史股价查询工具等得到广泛使用。有些英美公司除了公布公司投资者关系负责人的联络方式，还公布各个专业领域的负责人的联络方式。一些公司还在投资者关系版块里放置了供分析员和投资者申请进行公司现场参观的工具。

（6）信息披露的公平性更强。突出表现在外部会议演讲同步直播的普及上。

（7）通过投资者关系中公司治理相关信息的披露，可以发现，英国和美国

公司的公司治理规范性更强，各种公司治理相关文件披露得比较完善。

（8）重视对公司战略信息的传播，表现在对公司战略信息披露的普及率比较高以及发布的公司战略信息非常详细上。

（9）体现出较高的股东利益导向和利益相关者导向，表现在分红计划的高普及率和社会责任政策的高普及率上。

2.6.2　投资者关系水平差异的原因分析

以往的文献中，公司之间的规模差异是解释公司间投资者关系水平差异的常用变量。而从我们对各区域公司市值和公司投资者关系得分的回归分析来看，代表规模差异的市值对上市公司投资者关系水平的影响并不显著（$R^2<0.05$，P-value>0.2）。另一常用的解释投资者关系水平差异的因素是国际化程度，相关指标之一是公司在多地上市的情况。但是以中国公司为分析对象，以公司是否在国外上市为自变量，以公司投资者关系水平得分为因变量的单变量回归分析表明，是否在国外上市对投资者关系水平并没有显著的影响（$R^2=0.01$，P-value$=0.53$）。

从我们的数据统计结果来看，区域间的差异远大于各区域内部公司间的差异，区域差异可以解释样本公司投资者关系水平差异的一半以上（$R^2=0.52$，P-value<0.0001）。

造成国家和地区间的差异的主要原因，首先是法律法规、规范方面和法律执行环境方面的差异，其次是股东文化和公司治理理念、资本市场竞争情况等方面的差异。在法律法规和规范上的差异，主要表现在以下三个方面：

（1）上市公司治理方面的法律法规和规范的差异。比较纽约证券交易所、伦敦证券交易所、香港证券交易所和中国证监会有关公司治理方面的规定可以发现，纽约证券交易所的规定是力度最强的。

美国在 21 世纪初的一系列财务丑闻发生后，颁布了《萨班斯-奥克斯利法案》。为了配合实施《萨班斯-奥克斯利法案》，纽约证券交易所和纳斯达克都相应地修改了上市公司上市规则和公司治理规则，其中增加了很多更加严格的规定。例如纽交所公司治理规则规定，除被单一股东控股 50% 以上的被控股公司外，其他美国境内注册的上市公司必须设立完全由独立董事组成的审计委员会、提名委员会和薪酬委员会，并且委员会应有至少包含特定条款的书面章程。这些规定直接影响到了上市公司治理结构的规范性，也提高了上市公司在这方面的信息披露水平。

伦敦证券交易所和香港证券交易所的规定不如纽约证券交易所的规定的力度这么强，这两地的上市公司治理规则遵循"不遵守就解释"原则。《英国公司治理准则》要求本国上市公司设立审计委员会、提名委员会和薪酬委员会，这些委员会的大部分成员必须为独立董事，并需要公布自己的章程。港交所的公司治理守则要求公司设立审计委员会和薪酬委员会，建议发行人应设立提名委员会，且提名委员会须以独立非执行董事占大多数。港交所要求各种委员会应公开其职权范围，解释其角色以及董事会转授予其的权力。在中国内地，证监会发布的《上市公司治理准则》中提到，"上市公司董事会可以按照股东大会的有关决议，设立战略、审计、提名、薪酬与考核等专门委员会"。

上述在公司治理规定上的强度不同直接影响了各地上市公司的公司治理规范水平和信息披露水平。

（2）公平信息披露上的法律法规和规范的差异。除了公司治理规定，各地信息公平披露的规定的强度和执法力度的不同，也会深刻影响到上市公司信息披露水平。Bushee 等（2009）的研究显示，美国的《公平披露规则》颁布后，许多公司开始将公司的外部会议信息放在公司网站上，说明该法案对提高上市公司信息披露水平起到了很大的作用。从统计结果来看，美国公司将领导人在除业绩发布会以外的会议上的演讲的书面和语音材料放在网站上的比例高达 83%，而中国公司基本上为 0。根据 Bushee 等（2009）的研究，公司针对这些会议的信息披露可以显著影响公司的股票交易情况，即使在美国公司已经将这类会议内容放在网站上的情况下，仍然引起了美国学术界对于这类会议所造成的选择性信息披露和信息不公平现象的担忧。中国在这方面的情况显然更加值得担忧。Fond 等（2007）的研究发现，一个国家或地区打击内幕交易的执法力度会直接影响企业信息的透明度。美国证监会每年因为信息披露问题而与企业达成的数以亿美元计的和解案例比较常见，而中国到目前为止还没有出现过如此力度的处罚。

（3）对上市公司在自己网站上披露信息的法律地位的认定方面的差异。美国对于上市公司应该将何种信息发布在其网站上有强制性的规定，例如纽约证券交易所的上市公司治理规则规定：上市公司必须将公司治理规则和重要的董事会专业委员会（至少包括审计和薪酬、提名委员会）的章程披露在其公司网站上，并在年报中披露其网址。中国有关上市公司的网站信息发布的规定都是原则性和建议性的，例如《上市公司与投资者关系工作指引》第十条提到，"公司应充分重视网络沟通平台建设，可在公司网站开设投资者关系专栏"（中国证券监督管理委员会，2005）。

2.7　后续研究：2023年英特尔和宝钢股份的网络投资者关系对比

为持续跟踪研究中外上市公司网络投资者关系的水平，使用与2.4相同的评价指标和数据采集方法，本部分研究采样和比较了2012年本书研究的中国内地和美国上市公司样本中得分最高的两家公司：宝钢股份（上交所上市公司代码600019）和英特尔（纳斯达克上市公司代码INTC）。统计结果如表2-12所示。

表2-12　宝钢股份和英特尔网络投资者关系（2012年和2023年）百分比得分和总分及其差异

一级指标	英特尔	英特尔	英特尔年份差异	宝钢股份	宝钢股份	宝钢股份年费差异	英特尔与宝钢股份的差异	英特尔与宝钢股份的差异
年份	2012	2023	Value (2023) - Value (2012)	2012	2023	Value (2023) - Value (2012)	2012：英特尔得分-宝钢得分	2023：英特尔得分-宝钢得分
公司概况（%）	56	44	-11	56	67	11	0	-22
公司治理（%）	65	59	-6	53	59	6	12	0

一级指标	英特尔	英特尔	英特尔年份差异	宝钢股份	宝钢股份	宝钢股份年费差异	英特尔与宝钢股份的差异	英特尔与宝钢股份的差异
用户便捷工具与设置（%）	80	70	-10	40	40	0	40	30
财务与运营信息披露（%）	88	88	0	75	25	-50	13	63
股票信息（%）	85	69	-15	62	23	-38	23	46
新闻、业绩与其他会议发布（%）	83	75	-8	50	58	8	33	17
股东服务（%）	71	57	-14	43	29	-14	29	29
总得分	57	50	-7	41	34	-7	16	16
总得分百分比（%）	75	66	-9	54	45	-9	21	21

由表 2-12 可以看出，从差异上来看，宝钢股份与英特尔 2023 年的总得分差异值没有变化，仍然为 16 分。

在公司概况上，宝钢股份得分更高，但是在其他指标上，英特尔得分较高。

从一级指标的变化上来看，宝钢股份在公司概况，公司治理，新闻、业绩与其他会议发布方面得分有所提高，反映了中国公司在提高公司治理的规范性、使用新型多媒体工具和渠道开展投资者关系方面有所进步。在财务与运营信息的披露上，分数有所下降，主要是多样化的信息披露有所减少，仅有 PDF 版的年报、半年报等。

英特尔的分数的下降，主要是由于公司在网站投资者关系栏目中去掉了分析师和分析师的预测等相关信息，而这则是更规范的信息发布，原因是可以由此避免潜在的误导情况。总体上，英特尔的网络投资者关系一级指标和总体指标变化不大。

2.8　建议

基于上述的讨论，我们建议，为提升上市公司的网络信息披露的公正、公开和公平性，中国上市公司应在以下四个方面加大工作力度：

（1）提高上市公司网站信息披露水平。网站信息披露具有便捷、方便、经济等特点，而且易于查阅，应该逐步提高其在上市公司信息披露方面的法律地位。

（2）加强公司最新动态的公平披露，如公司管理层在公开会议上的发言等内容，需要考虑更及时、更完备地发布到公司网站上，以促进信息公平。

（3）对于定向披露等不公平披露行为制定出更具执行力的规定，并提高对不公平披露的打击力度。

（4）在公司网站上采取更直观、更便捷的工具和方法，向投资者披露财务和运营状况，披露更多的股票分红信息，并提供便捷工具以帮助投资者计算该公司股票的历史投资回报率。

参考文献

［1］中国人民银行，中国银行保险监督管理委员会，中国证券监督管理委员会，国家外汇管理局．上海市人民政府关于进一步加快推进上海国际金融中心建设和金融支持长三角一体化发展的意见［EB/OL］．［2023-10-01］．https：//www.gov.cn/zhengce/zhengceku/2020-02/14/content_5478985.htm.

［2］中国证券监督管理委员会．上市公司与投资者关系工作指引［EB/OL］．（2005-07-11）［2011-11-20］．http：//www.csrc.gov.cn/n575458/n776436/n804965/n806153/2034248.html.

［3］NIRI. Mission and Goals［EB/OL］．［2011-11-20］．http：//www.niri.

org/about/mission. cfm.

[4] Geerings J, Bollen L H H, Hassink H F D. Investor relations on the Internet: A survey of the Euronext zone [J]. European Accounting Review, 2003, 12 (3): 567-579.

[5] Khadaroo I. Business reporting on the internet in Malaysia and Singapore A comparative study [J]. Corporate Communications: An International Journal, 2005, 10 (1): 58-68.

[6] Bollen L, Hassink H, Bozic G. Measuring and explaining the quality of Internet investor relations activities: A multinational empirical analysis [J]. International Journal of Accounting Information Systems, 2006 (7): 273-298.

[7] 冯彦杰, 徐波. 上证所与港交所上市公司投资者关系管理的比较研究 [J]. 上海金融, 2008 (5): 50-53+21.

[8] 郝臣, 李礼. 中国境内上市公司网站投资者关系栏目实证研究 [J]. 管理科学, 2005 (1): 56-62.

[9] 李心丹, 肖斌卿, 王树华, 等. 中国上市公司投资者关系管理评价指标及其应用研究 [J]. 管理世界, 2006 (9): 117-127.

[10] Bushee B, Miller G. Investor Relations, Firm Visibility, and Investor Following [EB/OL]. (2009-11-01) [2012-05-15]. http://acct3. wharton. upenn. edu/faculty/bushee/Research. html.

[11] Bushee B, Jung M, Miller G. Capital Market Consequences of Conference Presentations [EB/OL]. (2009-09-01) [2012-05-15]. http://acct3. wharton. upenn. edu/faculty/bushee/bjm0909. pdf.

[12] Bushee B, Jung M, Miller G. Conference Presentations and Selective Access to Disclosure [EB/OL]. (2009-12-01) [2012-07-10]. http://acct3. wharton. upenn. edu/faculty/bushee/bjm2_1209. pdf.

[13] Bassen A, Basse Mama H, Ramaj H. Investor relations: A comprehensive overview [J]. Journal für Betriebswirtschaft, 2010, 60 (1): 49-79.

[14] 纽约证券交易所. 公司治理规则 [EB/OL]. (2003-11-04) [2012-

07-16］. http：//www. nyse. com/pdfs/finalcorpgovrules. pdf.

［15］香港联合交易所主板〈上市规则〉之附录 14 企业管治常规守则［EB/OL］. ［2022－06－25］. http：//www. hkex. com. hk/chi/rulesreg/listrules/mbrules/documents/appendix_14_tc. pdf.

［16］中国证监会. 上市公司治理准则［EB/OL］. （2002-01-07）［2012-07-16］. http：//www. csrc. gov. cn/pub/newsite/ssb/ssflfg/bmgzjwj/ssgszl/200911/t20091110_167722. htm.

［17］Fond M, Hung M, Trezevant R. Investor protection and the information content of annual earnings announcements：International evidence［J］. Journal of Accounting & Economics, 2007, 4（3）：37-67.

第3章　中外上市公司投资者
关系管理政策[①]

3.1　引言

3.1.1　研究背景

上市公司成功开展投资者关系的关键在于建立并遵守清晰的公司投资者关系管理政策。上市公司投资者关系活动的质量直接影响投资者的判断和决策，关系到投资者的合法权益是否能得到保证，并影响上市公司的融资来源和良好形象。良好的投资者关系活动可以降低资本市场信息不对称的程度和交易成本，从而提高资本市场的效率，改善资源配置，进而促进经济的良好发展。近年来，不少上市公司出现信息披露违规或拖延重大信息发布等问题，已引起业内和监管部门的广泛关注。另外，一些西方发达国家的资本市场的发展历史较长，其上市公司投资者关系政策建立得相对较早。因此，对中外上市公司投资者关系政策的分析研究，对于促进国内上市公司建立更为完善的投资者关系政策、维护各方利益具有

---

① 感谢对本章研究做出突出贡献的同学：王伊萱，上海对外经贸大学工商管理专业 2014 届学士。

十分重要的现实意义。建立完善的投资者关系政策，保证信息披露和信息沟通的全面、及时、准确和公平性，有利于巩固上市公司在激烈的资本竞争中的地位。基于以上原因，接下来本书采用实证分析的方法，对比分析中外代表性上市公司的投资者关系政策。

3.1.2　文献综述

3.1.2.1　国外文献综述

国外学者很早就开始了对建立投资者关系政策及其对股票价格和公司形象等各方面的影响的研究。国外较多的研究结果认为良好的公司治理是建立完善合理的投资者关系政策的重要前提，且自愿性披露比合规性披露更有利于上市公司实现长期战略规划。有效的投资者关系政策会对稳定公司股价、降低公司融资成本等产生积极的影响。

Hassell、Jennings 和 Lasser 的实证研究发现，公司管理层的自愿性信息披露的内容会显著影响分析师对公司投资前景的评估的精确程度。①

Verrecchia 对投资者关系政策与股票价格和投资者信心的关系进行了研究，发现信息披露越多，且公平地对待所有的投资者，会增加投资者对公司的信心并提高公司的股票公允价值。②

Lang 和 Lundholm 对金融分析师联盟 1985～1989 年的数据进行了统计分析以及样本回归分析，检验上市公司投资者关系政策，追踪研究不同公司的证券分析师数量及分析师所做的收入预测之间的关系。通过控制一些变量，进行分组假设检验，得出以下结论：在控制公司规模、收益异常及其他信息环境的影响因素的情况下，行业中投资者关系政策所披露的信息量越多的公司，会吸引更多的证

①　Hassell J M, Jennings R H, Lasser D J. Management Earnings Forecasts: Their Usefulness as a Source of Firm-Specific Information to Security Analysts [J]. Journal of Financial Research, 1988, 11 (4): 303-319.

②　Verrecchia R E. The Impact of Analyst Following on Stock Prices and the Implications for Firms' Disclosure Policies [J]. Journal of Accounting, 1996, 11 (3): 355-359.

券分析师并得出更加准确的财务预测。这可能是因为信息披露增加了对分析师报告的需求或降低了分析师获得该信息的成本。另外，两位学者还提出高质量的信息披露会吸引更多的投资者，降低信息不对称，减少上市公司的资金成本。[①]

3.1.2.2 国内文献综述

中国国内学者针对中国资本市场的特殊情况也对国内上市公司建立完善的投资者关系管理制度尤其是其中的信息披露制度进行了相关研究。

沈田丰、韩灵丽在上市公司的投资者还未得到重视，且投资者关系这一名词初步走进中国资本市场的时候，指出上市公司负有信息披露的义务，并且认为上市公司信息披露的基本要求是必须做到真实、准确、完整、公正、及时。该学者提出了较为简单的信息披露方式并建议上市公司信息披露规范化。[②] 陈文俊根据市场有效性假设理论分析了上市公司会计信息披露与股票价格的关系，结合股票投资价值理论对中国股票市场的有效性进行了实证研究，并建议顺应股票市场的发展建立信息披露制度以保护和引导投资行为，促使股票市场健康有序的发展。[③] 王惠芳以1090家沪、深上市公司为样本进行了实证检验，并证实我国上市公司的盈利预测水平和自愿性披露水平与公司规模、公司盈利能力、股权集中程度正相关，与国外研究成果部分相似。[④] 殷枫以169家中国上市公司为样本，检验了公司治理结构与自愿性信息披露的关系。[⑤] 朱红军、袁汪辉以深交所上市公司在公平信息披露规则实施前后的盈余公告事件为样本，研究了公平信息披露的经济后果。[⑥]

---

① Lang M H, Lundholm R J. Corporate Disclosure Policy and Analyst Behavior [J]. The Accounting View, 1996, 71 (4): 467-492.

② 沈田丰, 韩灵丽. 论上市公司的信息披露 [J]. 财经论丛, 1994 (2): 36-40.

③ 陈文俊. 股市投资与上市公司会计信息披露 [J]. 系统工程, 1998 (3): 36-43.

④ 王惠芳. 上市公司盈利预测信息自愿性披露实证研究——来自1090家中国上市公司中期报告的证据 [J]. 山西财经大学学报, 2005 (4): 138-140.

⑤ 殷枫. 公司治理结构和自愿性信息披露关系的实证研究 [J]. 审计与经济研究, 2006 (2): 87-92.

⑥ 朱红军, 汪辉. 公平信息披露的经济后果——基于收益波动性、信息泄露及寒风效应的实证研究 [J]. 管理世界, 2009 (2): 23-35.

　　中外学者对于建立与信息披露相关的投资者关系政策的重要性及其产生的影响所做的研究的结论大多趋同，一致认为资本市场环境、公司内部治理结构和水平等是影响信息披露制度执行力度的重要因素，良好的投资者关系政策有利于引导和保护相关利益群体，并对上市公司的股票价格、企业形象等产生积极的影响。但是当前研究中，对于除信息披露以外的中外上市公司投资者关系政策的各项内容的研究相对较少，本书旨在通过对中外上市公司投资者关系政策的各项内容进行对比，评估国内上市公司投资者关系政策，对加强市场监管、完善投资者关系政策、提高公司治理水平提出具有针对性的建议。

3.2　研究方法

　　本章选取了在中国沪、深两市的 A 股上市中的 20 家公司，以及在欧美国家上市交易并能够在公司官网上搜索到明确的投资者关系政策的 14 家公司作为调查研究的样本。将重大信息的定义、新闻发布政策、电话会议准则等作为衡量公司投资者关系政策是否完善合理的指标。采用描述性统计分析法对目标指标做量化的评分，并采用定性分析、定量分析、比较分析等研究方法对这些指标进行中外对比分析和影响因素分析。由于在研究取样期间中国上市公司普遍没有公开发布的投资者关系管理政策，因此以各公司的信息披露管理政策作为投资者关系管理政策的替代。信息披露是投资者关系管理的核心工作，这种替代虽然有一定的不完备性，但是具备较大的代表性。

3.3 中外上市公司投资者关系政策的实证研究

3.3.1 中国沪、深两市上市公司投资者关系政策统计分析

3.3.1.1 样本选取

本研究以中国沪、深两市的上市公司作为此次研究的国内样本，考察其公司官网上披露的信息披露管理制度中各指标的完善程度和有效性，以此来研究其投资者关系政策即信息披露管理制度的内容是否完善并具指导意义。考虑到样本数据的可获得性、代表性等，制定了以下 5 条样本选取标准。

（1）上市公司为在上交所或者深交所 A 股板块上市交易的主板公司，剔除境外上市公司。

（2）考察期间相关数据如财务数据和其他必要信息均可获得。这些数据包括股本结构、独立董事比例、主营业务收入、营业利润、净现金流量、每股盈余、每股权益比率、市盈率、采取各种方式的融资成本等。

（3）确定以 2005~2014 年发布或更新的其信息披露管理制度为选取样本公司的时间窗口。

（4）剔除考察期间内公司内部治理结构不稳定和发布退市预警的公司，剔除 ∗ST、ST、S∗ST 类股。

（5）选取各行业的代表性上市公司作为本次研究的国内样本数据。

该时间段内，共有 987 家 A 股上市公司在沪、深两市主板进行股票交易，剔除 ∗ST、S 类股 35 家，境外上市公司 68 家，信息披露管理制度不可得的公司 42 家，剔除扣除非经常性损益后的净利润为负数的上市公司 207 家，最终共有有效样本公司 635 家，最后挑选其中的 20 家各行业的代表性上市公司作为本次国内的样本数据。

3.3.1.2　检验指标的选定

本研究通过观察与统计反映公司投资者关系政策的必要构成因素的完善性与合理性来检验上市公司投资者关系政策。指标选择主要是根据美国投资者关系协会 2004 年 1 月修改的第三版《投资者关系实践标准》中详述的投资者关系政策必要构成因素来挑选检验指标。投资者关系起源于美国，以美国《投资者关系实践标准》作为蓝本衡量上市公司的投资者关系政策，基础较为牢固。本研究将从其中挑选以下指标作为衡量国内上市公司投资者关系政策有效性的标准，并建立统计模型。

具体指标如下：

（1）公司承诺遵守本信息披露政策，用 SC（Statement of Commitment to a Consistent Disclosure Policy）表示。

（2）明确此政策的适用对象和披露内容，用 C（Whom and What Disclosures This Policy Covers）表示。

（3）重大信息的定义，用 MI（Material Information）表示。

（4）选择性披露的定义，用 SD（Selective Disclosure）表示。

（5）信息披露委员会，用 DC（Disclosure Committee）表示。

（6）指定发言人，用 DS（Designated Spokespersons）表示。

（7）对非官方发言人员的指导，用 IE（Instruction to Employees Who Are Not Authorized Spokespersons）表示。

（8）新闻发布政策，用 PNR（Policy for News Release）表示。

（9）电话会议准则，用 CC（Conduct of Conference Calls）表示。

（10）投资者会议，用 IM（Investor Meetings）表示。

（11）回应市场传闻，用 RMR（Responding to Market Rumors）表示。

（12）涉预测信息的免责声明，用 FS（Forward-looking Statement）表示。

（13）业绩指引，用 EG（Earnings Guidance）表示。

（14）静默期，用 QP（Quiet Period）表示。

（15）更新分析师模型或报告，用 AMR（Renewing Analysts' Draft Models or

Reports）表示。

（16）为分析师和投资者提供接触公司信息和管理者的机会，用 AIO（Access to Information and Company Officials）表示。

（17）发布分析师报告，用 DAR（Distributing Analysts′Reports）表示。

（18）提供重大信息给媒体，用 MM（Providing Material Information to the Media）表示。

3.3.1.3 统计分析

本部分研究观察统计了各项指标是否存在于样本公司所发布或修改的最新版本的信息披露管理制度之中，并对这 20 家公司的信息披露管理制度做了统计分析，具体数据如表 3-1 所示。其中，单元格内填写 1 的表明与该项指标相关的规定存在于公司的信息披露管理制度之中。

观察表 3-1 可得，国内 20 家样本公司在 2005～2014 年这十年中大都在 2007 年发布其最新的信息披露管理制度。从各指标出现的总频率来看，20 家样本公司在该制度中基本没有提及信息披露委员会、更新分析师模型或报告以及涉预测信息的免责声明，而有关与投资者和社会公众交流的几种具体的沟通方式也基本没有出现。

根据表 3-1 中样本公司各项指标出现的频率，做出相应的柱状图，可以更直观地看到 2005～2014 年样本公司信息披露管理制度中各项指标的分布情况，如图 3-1 所示。

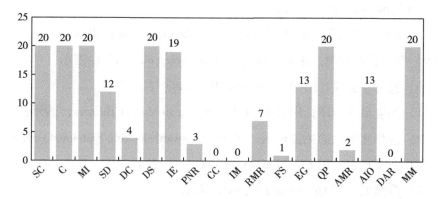

图 3-1　2005～2014 年中国样本公司信息披露制度中各项指标的分布情况

表3-1 中国20家公司2005～2014年投资者关系政策各指标规定

公司名称	发布年份	行业	证交所	SC	C	MI	SD	DC	DS	IE	PNR	CC	IM	RMR	FS	EG	QP	AMR	AIO	DAR	MM
大同煤业	2007	采掘业	沪	1	1	1			1		1			1				1	1		1
新大洲	2008	采掘业	深	1	1	1	1		1	1								1	1		1
用友软件	2007	电子	沪	1	1	1			1	1	1					1	1				1
保利地产	2007	房地产	沪	1	1	1	1		1	1							1				1
万科	2006	房地产	深	1	1	1	1	1	1	1				1	1		1		1		1
华侨城	2012	公共环保	深	1	1	1	1		1	1							1		1		1
国电电力	2007	公共事业	沪	1	1	1	1		1	1						1	1				1
上海建工	2012	建筑业	沪	1	1	1	1		1	1						1	1				1
铁龙物流	2007	交通	沪	1	1	1	1	1	1	1							1				1
赤湾	2012	交通	深	1	1	1	1		1	1				1			1				1
兴业银行	2009	金融业	沪	1	1	1	1		1	1							1				1
陕国投	2007	金融业	深	1	1	1	1		1	1	1			1			1		1		1
首旅	2008	旅游	沪	1	1	1		1	1	1							1				1
福成五丰	2007	农林业	沪	1	1	1	1		1	1				1			1		1		1
飞亚达	2008	批发零售	深	1	1	1	1		1	1							1				1
银座	2007	商业	沪	1	1	1	1		1	1				1		1	1		1		1
深南电	2007	水电煤气	深	1	1	1			1	1						1	1	1	1		1
中视传媒	2007	新闻	沪	1	1	1			1	1				1			1				1
海尔	2009	制造业	沪	1	1	1	1		1	1				1		1	1	1	1		1
三一重工	2007	制造业	沪	1	1	1	1	1	1	1						1	1		1		1
总计				20	20	20	12	4	20	19	3	0	0	7	1	13	20	2	13	0	20

然而，某项指标存在仅能说明该样本公司在其信息披露管理制度中提及了该标格，不足以说明各项指标的完善性和有效性，针对这一不足，本研究旨在对每一指标进行评分，分数为 1~5 分，并求出所有样本的各指标均值。

各指标评分标准如下：

（1）SC。

1）公司承诺根据相关法律法规提供及时、透明、一致和可信的信息。

2）无论公司情况好坏，避免选择性披露并保证公司信息可得。

3）政策的目标是在保证公司信息广泛传播的基础上开发并维护现实的投资者期望。

4）未达成目标可能造成公司或个人承担重大责任。

（2）C。

1）政策适用于所有员工以及公司和附属公司的董事会成员。

2）披露文件包括证券交易所的规定，年度、季度报告，新闻发布，业绩发布，公司与分析师、投资者和媒体的沟通，公司高层的报告和演讲，公司网站和内部局域网的信息（包括合法合规性信息和自愿性信息）。

3）除非本政策允许，否则禁止所有员工与外界人士讨论公司重大的未发布的信息。

（3）MI。

1）该信息的披露会对证券价格产生影响或是大多数投资者想在投资决策前得知该信息。

2）重大信息可好可坏，预测的信息不一定会发生。

（4）SD。

1）选择性披露指在广泛传播信息前将重大、非公开信息披露给任何个人或集体。

2）除非该个人或团体签署了非公开协议等，否则该选择性披露行为违反法律和公司政策。

（5）DC。

1）该委员会组成的目的是方便评估内部控制程序和财务信息披露认证。

2）该委员会至少包括总法律顾问、财务主管、投资者关系总监、首席传播官和风险管理人员，该委员会直接向首席财务官汇报，或由其领导汇报。

3）该委员会负责评估所有信息的精确性和完整性、掌控信息发布的程序、决定重大信息发布的时机并向公司首席执行官提出有关披露政策的建议。

4）该委员会确保得知公司所有重大发展，控制内幕信息。

5）该委员会仅负责系统审查重大信息披露文件和声明，并在有需要时定期检查和更新政策。

（6）DS。

1）官方授权发言人包括主席、首席执行官、首席财务官、投资者关系总监和公司传播总监。

2）在需要对投资者或媒体的特定询问回应时，可以偶尔任命其他员工代表公司发言。

3）子公司发言人在公司传播总监的同意下可被委托回应当地媒体的询问。

（7）IE。

1）非官方授权发言人在任何情况下都不能回应投资者或媒体的问题，除非被官方发言人委托以确保持续性披露并避免选择性披露。

2）非授权发言人在收到直接或间接询问时，需汇报给投资者关系总监或传播总监。

（8）PNR。

1）新的重大发展需要发布新闻，除非披露委员会决定为了更好的时机合理地控制该信息，以防止内幕交易。

2）必须在该重大新闻已发布的情况下才可以与分析师或投资者讨论，若不慎讨论到该信息，必须在 24 小时内立刻发布新闻稿或在公司网站上发布相关内容。

3）业绩发布需要统一会计准则，并且需及时发布在公司网站上。电话会议记录会在网站上保留一年。

（9）CC。

1）公司将会通过公开的电话会议来讨论定期财务状况和经营中出现的其他重大事件，一般情况下，公司会在至少一周前发布新闻，告知电话会议的日期和时间以及如何能够通话。

2）分析师和专业投资者将会通过电话会议参与问答环节，其他人通过网站收听会议。公司会在时间允许的情况下尽量回答。

3）电话会议的音频文本会在公司网站上保留两个礼拜，可在网站的"存档"模块找到，这一文件不可被视作公司观点的代表或预测。

（10）IM。

1）公司通过电话会谈和一对一的会议方式使投资者关系总监和高层管理者回应分析师和投资者的询问。

2）会议的目的是使投资者更好地了解公司的战略等，并给予分析师和投资者接触公司高层的机会。

3）公司不会在此类会议上选择性披露重大信息。

4）公司也参加公司和分析师共同主办的会议，并派投资者关系员工代表出席。

5）公司所做的一切努力都会公开，并且在网络上展示。

（11）RMR。

1）只要明确公司并非市场传闻的源头，官方发言人应始终回应"公司政策要求不能对市场传闻或推测评论"。

2）如果证交所要求公司对造成股票大幅波动的市场传闻给出明确答复，披露委员会应予以考虑并向首席执行官建议是否破例。

3）员工不得回应网络聊天室中的传闻，并要寻求官方发言人的意见。

（12）FS。

1）公司会不定期地提供给分析师和投资者有关公司的预测性信息以便更好地评估公司发展前景，预测性信息包括收入预测、利润率、新产品开发等。

2）发布预测性信息可使用免责条款。

3）需伴有警示性语句：存在发生重大变化的风险。

（13）EG。

1）公司会在财报发布中提供业绩预测的合理范围以及下一年度和下一季度的业绩推算。

2）公司应及时更新预测的合理范围，并以新闻发布的方式广泛传播。

3）没有重大变化发生，公司会在季度内确认之前的预测，而随着季度变化，季度财务或相关经营结果确认后，公司在对下一季度更新预测发布新闻之前不再对以前的预测发表任何评论。

4）公司不得对分析师的预估有所评论，除非请分析师参考公司已经公开发布的预测。如果某一分析师的预测范围过于偏离当前所有分析师的预测，公司可以打电话给该分析师，但仅仅是建议其查看公司已经公开发布的预测，不可以质疑分析师的推测。

5）公司也会提供其他形式的预测，从而帮助分析师做预估，帮助投资者做投资决策。

（14）QP。

1）在得知季度或年终业绩后，直到被公开披露前公司要保持沉默。

2）静默期中，公司参加投资者电话会议或正式会议时，不得讨论该经营结果。

（15）AMR。

1）公司在分析师的要求下，为了公共领域内的信息真实准确，将会更新分析师的收入模型或报告。

2）分析师应遵循利益冲突原则，不可针对公司股票提出建议或定价目标。

（16）AIO。

1）公司会在有限的时间和资源条件下，提供获得公司信息和接触公司管理者的公平机会。

2）分析师和投资者至少可以接触到投资者关系总监和投资者关系部门。

3）可以依据如下因素决定是否可以与公司高层召开会议：投资者所持股份的比例是否达到一定标准、分析师或投资者对公司的了解程度、公司所在行业、分析师或投资者与公司高层会面的频率等。

4）任何情况下公司都不能拒绝分析师或投资者对公司信息的要求，即使是对公司股票有消极建议或是决定卖出公司股票。

（17）DAR。

1）任何情况下公司都不可以将分析师报告公布于众。

2）公司将在官网的投资者关系一栏中披露分析师的公司名称和个人名称。

（18）MM。

1）媒体将与投资者群体和社会公众在同一时间得知新的重大信息。

2）媒体不得在重大信息发布前获得独家消息。

根据上述每项投资者关系政策指标的具体评价标准，为之前的 20 家样本公司的统计数据加入评分机制：最符合标准内容的为 5 分，最不符合标准内容的为 1 分。20 家样本公司的总分及其描述性统计结果如表 3-2 所示。

表 3-2 2005~2014 年中国样本公司投资者关系政策总分

大同煤业	新大洲	用友软件	保利地产	万科	华侨城	国电电力	上海建工	铁龙物流	赤湾	
19	19	25	19	33	20	18	20	26	20	
兴业银行	陕国投	首都旅游	福成五丰	飞亚达	银座	南山热电	中视传媒	海尔	三一重工	
19	24	15	20	13	12	17	14	29	23	
平均	标准误差	中位数	众数	标准差	方差	峰度	偏度	最小值	最大值	离散系数
20.31579	1.23793	20	20	5.39601	29.11696	0.41150	0.64294	12	33	0.26561

由表 3-2 可以看出，由于只有 18 个衡量指标，因此总分最高为 90 分，最低为 0 分。20 家样本公司的总分介于 10~35 分，且离散系数较小，说明整体水平偏低；在投资者关系政策总体水平偏低的情况下，排名前三的公司依次为万科、海尔、铁龙物流。

为进一步观察国内上市公司投资者关系政策的完善性和有效性，根据前文的指标衡量标准与 20 家上市公司的各项指标最后得分，对国内样本公司的投资者关系政策指标进行了描述性统计，鉴于国内外样本容量不同，因此采用相对指标计算各指标分数占总分的百分比，并对百分比结果进行描述性统计，结果如表 3-3 所示。

表 3-3　2005~2014 年中国样本公司投资者关系政策各项指标评分（以百分比计）统计

指标	SC	C	MI	SD	DC	DS	IE	PNR	CC	IM	RMR	FS	EG	QP	AMR	AIO	DAR	MM
平均分	2	2	2	2	2	2	2	1	0	0	2	2	1	2	2	1	0	2
总分	39	48	45	27	9	43	43	4	0	0	15	2	20	40	4	20	0	46
总分占百分比（%）	39	48	45	27	9	43	43	4	0	0	15	2	20	40	4	20	0	46
	Mean	Se	Me	M	S	V	K	SK	MIN	MAX	CV							
	22	5	20	0	19	4	−174	23	0	48	88							

由表 3-3 我们可以发现，根据本研究对投资者关系政策设定的衡量标准，样本公司投资者关系政策各个指标的平均分介于 0~5 分，总分占比介于 0~100%。然而表 3-3 之中的统计结果显示：20 家国内样本公司各衡量指标平均分介于 0~2 分，总分占比介于 0~50%，占比均值为 22%，众数为 0，这说明国内样本公司的投资者关系政策不够完善，整体水平较低。

为进一步研究投资者关系政策各指标的差异情况，本研究绘出对应于表 3-3 的柱状图以便进行更直观的观察，如图 3-2 所示。

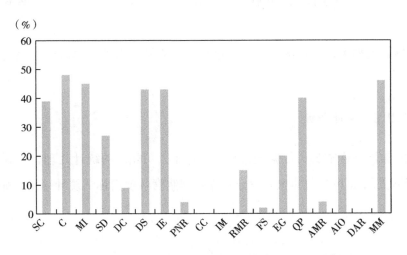

图 3-2　中国 20 家上市公司投资者关系政策总分占比情况

根据图 3-2 可以看出，虽然整体水平较低，但这 18 项指标的评分结果仍有较大的差距。其中，分数较高的 3 项指标依次是信息披露覆盖范围、提供重大信息给媒体和重大信息的定义，而分数较低的几项分别是电话会议行为准则、投资者会议、更新分析师模型或报告、发布分析师报告和新闻发布政策等。从评分结果即可以看出中国上市公司的投资者关系政策对于主动与投资者利益群体进行沟通的态度、原则不清晰，没有充分利用各种沟通手段自愿性地披露信息。

3.3.2 欧美上市公司投资者关系政策统计分析

3.3.2.1 样本选取与检验指标的选择

对于欧美上市公司的统计分析，样本选取标准如下：

（1）上市公司在欧美国家上市交易。

（2）考察期间相关数据如财务数据和其他必要信息均可获得。

（3）确定以 2005~2014 年发布或修改其信息披露管理制度为时间窗口。

（4）剔除考察期间内内部治理结构不稳定的公司。

（5）在上述条件的基础上随机选取 10 个以上样本公司，并剔除含异常值的样本。

根据以上样本选取标准，综合考虑行业代表性等因素，本次研究最终获得有效样本 14 家。

3.3.2.2 统计分析

对欧美国家样本公司数据进行与国内样本公司相同的统计处理，得到 2005~2014 年欧美国家 14 家样本公司信息披露管理制度各项指标的统计结果，如表 3-4 所示。

表 3-4　欧美 14 家上市公司 2005~2014 年投资者关系政策各指标规定

公司名称	属国	行业	SC	C	MI	SD	DC	DS	IE	PNR	CC	IM	RMR	FS	EG	QP	AMR	AIO	DAR	MM
沃尔玛	美国	零售	1	1	1	1	1	1	1	1	1	1	1	1	1	1	1	1	1	1

续表

公司名称	属国	行业	SC	C	MI	SD	DC	DS	IE	PNR	CC	IM	RMR	FS	EG	QP	AMR	AIO	DAR	MM
阿姆斯壮	美国	制造	1	1	1		1	1		1	1	1	1			1		1	1	
加福	加拿大	林业	1	1	1	1		1	1	1	1	1	1		1	1	1	1	1	1
荷兰银行	荷兰	金融	1	1			1		1	1		1				1				
江森自控	美国	制造	1	1	1	1	1	1	1	1	1	1	1	1	1	1	1	1	1	1
天宝	美国	IT	1	1		1	1	1	1	1	1	1	1	1	1	1	1	1	1	1
西南金融	美国	金融	1	1	1	1	1	1	1	1	1	1	1	1	1	1	1	1	1	1
哈利温斯顿	美国	珠宝	1	1	1		1	1	1	1	1	1	1	1	1	1	1	1	1	1
鹰牌	美国	服装	1		1	1		1		1	1	1			1	1				
美特斯	美国	制造	1		1	1		1		1	1	1			1	1				
富士施乐	美国	IT	1		1		1	1	1		1	1		1	1	1		1		1
研科	加拿大	通信	1		1	1	1	1	1		1	1	1	1	1	1	1	1		1
博通	美国	通信	1					1			1	1			1	1				1
麦格纳	加拿大	汽车	1	1	1		1	1	1		1			1	1			1	1	1
总计			14	13	11	9	11	12	12	11	13	12	11	9	11	12	12	12	12	9

观察表 4-4 中欧美 14 家样本公司投资者关系政策中各项指标出现的次数，根据表 3-4 的统计结果，欧美国家样本公司对各项指标的重视程度比较一致，且各指标出现的次数明显高于国内样本公司，14 家欧美样本公司基本上都有关于信息披露委员会、更新分析师模型或报告和涉预测信息的免责声明等指标的描述。对比国内样本公司对有关主动与证券分析师和投资者群体沟通的指标完全没有提及，欧美样本公司则对每项具体指标进行了详尽的描述。

从与表 4-4 相对应的柱状图中可以更加直观地看到 2005～2014 年样本公司投资者关系政策对各项指标的规定情况，如图 3-3 所示。

图 3-3 中各项指标的分布初步反映了欧美 14 家样本公司投资者关系政策的完善程度，与中国的情况相比，欧美 14 家样本公司的投资者关系政策基本上对每项指标都有所提及。

同样，为进一步说明欧美样本公司投资者关系政策的完善性和有效性，本研究对欧美样本公司投资者关系政策的各项指标做了与国内样本公司相同的评分处理，结果如表 3-5 所示。

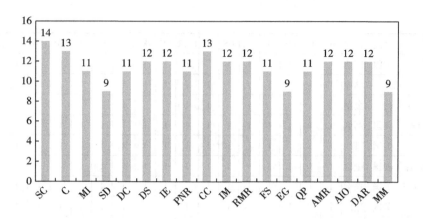

图3-3 2005~2014年欧美样本公司投资者关系政策中各项指标的分布情况

表3-5 2005~2014年欧美样本公司投资者关系政策总分

沃尔玛	研科	江森自控	美特斯	西南金融集团	加福	天宝	哈利温斯顿	
73	72	71	67	64	58	51	49	
鹰牌	麦格纳	富士施乐	阿姆斯壮	博通	荷兰银行	最小值	最大值	
46	44	38	37	37	18	18	72	
平均	标准误差	中位数	众数	标准差	方差	峰度	偏度	离散系数
50.15385	4.40985	49	37	15.89993	252.80770	-0.28135	-0.30607	0.31702

　　根据每项指标的得分为1~5分的评分标准,14家样本公司各自的投资者关系政策总分同样位于0~90分。由表3-5可以看出欧美样本公司有9家位于平均水平之上,除荷兰商业银行之外,其他样本公司的投资者关系政策总分均高于国内样本公司,这表明欧美国家各样本公司的投资者关系政策相比国内而言更加全面。

　　为说明欧美样本公司投资者关系政策对各项必要指标的规定是否全面、具体并有积极的指导作用,本研究对其投资者关系政策的各项统计指标及其总分占比进行了描述性统计,结果如表3-6所示。

表 3-6　2005~2014 年欧美样本公司投资者关系政策各项衡量指标得分情况

指标	SC	C	MI	SD	DC	DS	IE	PNR	CC	IM	RMR	FS	EG	QP	AMR	AIO	DAR	MM
平均分	3	3	4	4	3	4	4	3	4	3	4	4	3	4	3	3	4	4
总分	45	40	41	32	37	49	45	31	49	40	42	45	24	48	38	34	50	35
总分占百分比（%）	64	57	59	46	53	70	64	44	70	57	60	64	34	69	54	49	71	50
	Mean	Se	Me	M	S	V	K	SK	MIN	MAX	CV							
	57	3	57	57	10	1	-26	-45	34	71	18							

表 3-6 反映的是欧美样本公司每项投资者关系政策指标的完善性和有效性。根据前文所述的评分标准，每项指标为 0~5 分，且共 14 家样本公司，因此各项指标的总分应位于 0~70 分。由表 3-6 可以看出，18 项指标之中，按 70 分为最高标准，仅有四项指标的得分低于平均标准，它们分别是新闻发布政策、业绩指引、选择性披露的定义以及为分析师和投资者提供接触公司信息和管理者的机会。为方便与国内样本结果进行比较，同样计算出各项指标总分占比并对其进行描述性统计分析。根据统计结果，更加容易判断出欧美样本投资者关系政策与国内的差距。由于 3-6 可以发现总分占比的均值、中位数和众数均高于国内样本，且离散系数远低于国内样本，这说明欧美样本公司的投资者关系政策水平差异较小，且完善程度和有效性都比较高。为进一步研究欧美样本投资者关系政策各指标的差异情况，本研究绘制出对应于表 3-6 的柱状图以便更直观地进行观察，如图 3-4 所示。

根据图 3-4 可以发现，欧美样本公司各项指标的总分占比明显高于国内样本公司，这说明欧美上市公司的投资者关系政策比国内上市公司更加完善、清晰、详细，更具有效性和指导作用。尤其是国内样本公司投资者关系政策所欠缺的部分，即缺乏主动与分析师和投资者群体沟通的意识，忽略了对与之相关的指标的规定，欧美上市公司的相关指标则反映出其积极与相关利益群体沟通的意识非常强，认识到了自愿性信息披露对其执行战略计划和实现目标的重要性。

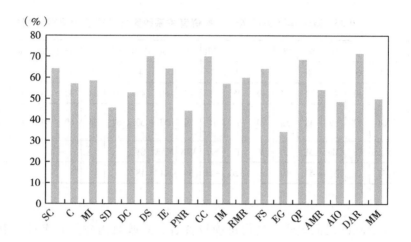

图 3-4　国外 14 家上市公司投资者关系政策评分结果

3.4　中外结果对比

根据所得出的统计分析结果来看，总体上，欧美投资者关系政策的完善程度和有效性比较高。首先，对比中外样本公司对投资者关系政策各指标的覆盖范围，即各自在 18 项必要指标中对几项指标进行了阐述，为方便观察，统一将频数化为百分比，频数占比差为欧美样本数据减去国内样本数据的结果，如表 3-7 所示。

表 3-7　中外样本公司投资者关系政策各指标规定情况对比　　单位:%

指标	SC	C	MI	SD	DC	DS	IE	PNR	CC	IM	RMR	FS	EG	QP	AMR	AIO	DAR	MM
国内样本	100	100	100	60	20	100	95	15	0	0	35	5	65	100	10	65	0	100
欧美样本	100	93	79	64	79	86	86	79	93	86	86	79	64	79	86	86	86	64
频数占比差	0	-7	-21	4	59	-14	-9	64	93	86	51	74	-1	-21	76	21	86	-36

直观地描述各指标频数占比差的柱状图如图 3-5 所示。

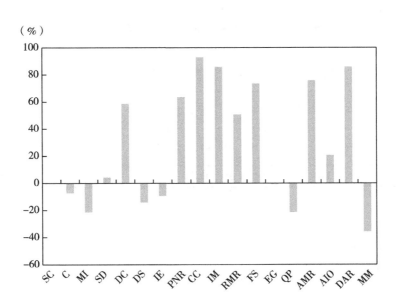

图 3-5 中外样本公司投资者关系政策各指标规定情况对比

从图 3-5 中我们可以更加直观地观察到中外样本公司投资者关系政策覆盖范围的差异。其中，国内样本公司对投资者关系政策中有关法律法规强制性要求的指标所进行的描述比欧美样本公司多，柱状图中呈现为负数，如重大信息的定义、指定发言人、静默期等。但是，关于信息披露委员会，绝大多数国内上市公司并没有建立专门的信息披露委员会来组织协调并控制一切有关信息披露的事务，而是一语带过，将这一职责划分到整个董事会的责任范围内。另外，国内样本公司除万科之外，均未提及涉预测信息的免责声明这一指标，这个指标是体现上市公司保护投资者利益的重要规定。此外，最明显的差别是关于沟通方式和公司价值传递与分析的指标统计结果，国内样本公司对相关的五项指标鲜有提及，从柱状图中可以非常直观地看出欧美样本公司的统计结果远远超越了国内样本公司，这间接表明了国内上市公司对自愿性信息披露的认识不足。

上述图表仅能说明中外上市公司投资者关系政策的覆盖范围，为进一步对比说明制度内容的详细程度和指导作用，本研究将中外样本公司的投资者关系政策评分结果整理成表 3-8，以及相应的柱状图（见图 3-6）。

表 3-8 2005~2014 年中外样本公司投资者关系政策各项指标占比差异

单位:%

指标	SC	C	MI	SD	DC	DS	IE	PNR	CC	IM	RMR	FS	EG	QP	AMR	AIO	DAR	MM
国内指标百分比	39	48	45	27	9	43	43	4	0	0	15	2	20	40	4	20	0	46
欧美指标百分比	64	57	59	46	53	70	64	44	70	57	60	64	34	69	54	49	71	50
指标占比差异	25	9	14	19	44	27	21	40	70	57	45	62	14	29	50	29	71	4

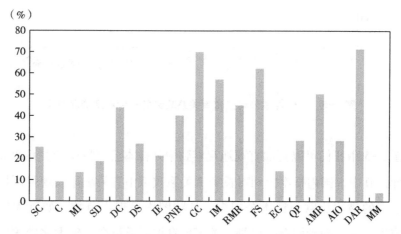

图 3-6 2005~2014 年中外样本公司投资者关系政策各项指标占比差异

观察表 3-8 及相应的柱状图（见图 3-6）我们可以看出，根据指标评分标准计算的指标占比结果能够更好地解释中外投资者关系政策的完善性和有效性的差异。

首先，即使之前得出的结论证明国内样本公司制度的合规性指标几乎都具备甚至高于欧美样本，但按照评分后的结果来看，国内的合规性指标得分占比却全部低于欧美，这充分说明国内上市公司政策不够详细严谨，不具备充分的指导作用。另外，相较于国内样本鲜少提及或完全忽略反映自愿性信息披露和公司内部控制的指标，欧美样本公司却得到很高的分数，即国内样本公司在撰写投资者关系政策时忽略的某些活动和文件的重要性却得到了欧美样本公司的重视，欧美样本公司非常重视这类反映内部控制、自愿性信息披露、投资者利益保护和公司价

值传递的指标，并且体现出与公司长远战略规划的高度配合与协调。

综合观察中外样本公司的各项指标统计结果可以发现，欧美上市公司投资者关系政策更为系统，对各项指标规定得比较完善且具有清晰的指导作用，值得国内公司研究借鉴。

3.5 改善中国上市公司投资者关系政策的建议

3.5.1 建立健全市场制度与监督机制

根据上述得出的结论，国内上市公司的投资者关系政策几乎都只规定了强制性披露的内容，但其合规性信息披露并不具备清晰的指导作用，且仍然存在选择性披露、流于形式和不具备实质性内容等问题，虚假性披露和模糊信息披露问题屡见不鲜。目前我国对信息披露的监管责任主要是由证监会承担，行业协会这类自律性组织所起到的作用很小，应建立由证监会领导、行业协会辅助管理和专业服务机构、媒体等参与监管的功能互补的监管体系。同时还要逐步完善相关法律法规，明确信息披露的内容、格式、编写规则和披露时间等，更加细化信息披露的要求，针对违规行为制定出详细、明确、有效的处罚规定，加大处罚力度，提高违规成本，增强相关法律法规和监管机构的威慑力。

另外，针对国内上市公司投资者关系政策中鲜少提及涉预测信息的免责声明和业绩指引等反映自愿性信息披露的指标，证监会应当根据信息使用者即投资者和分析师的要求，明确规定上市公司投资者关系政策中自愿性信息披露的种类和披露方式，并规范自愿性信息披露的表达和描述方式，要求列示相关假设以及重要的会计准则以便于信息使用者理解和评估。另外，上市公司在其政策中需揭示自愿性信息的性质和存在的风险，防止信息使用者盲目依赖信息。同时，为了鼓励上市公司自愿披露信息，应赋予上市公司适用免责条款的权利，只要自愿性的信息是有合理依据而非虚假披露以误导信息使用者的，这样，在保护投资者利益的同时，也保护了公司的自愿性信息披露行为，有利于促进上市公司进行自愿性信息披露。

3.5.2　建立信息披露委员会，加强内部控制

加强公司内部控制，建立并完善信息披露委员会制度。目前绝大多数国内上市公司没有建立独立的信息披露委员会，在其投资者关系政策中均简略地解释董事会负责统一领导和管理一切信息披露事务，并没有明确规范负责管理的成员结构和责任等。内部控制的不完善直接影响了信息披露的内容和水平。为加强内部控制，上市公司应借鉴国际经验设立由财务总监领导的信息披露委员会，成员至少包括法律顾问、投资者关系总监、通信总监和风险管理人员，根据我国国情，还可以包括部分独立董事。该委员会负责公司的内部控制程序，提议聘请或更换第三方审计机构，监督公司内部审计制度的实施，审核公司所有信息及其披露，审核公司投资者关系政策等。这样既可以保证该委员会的独立性，又能规范公司的内部控制，从而提高公司自愿性信息披露的程度。

另外，当前我国中小投资者获得上市公司重大信息的渠道较少，往往不能与中大股东在同一时间得知内幕信息，广大中小投资者的利益得不到有效的保障。为分散股权，上市公司可以大力吸引专业投资者、机构投资者和社会个人投资者等多种投资主体以优化公司股权结构，解决股权过于集中的问题，形成多种投资主体共同持股的局面，使各类投资者得到上市公司公平的对待。

3.5.3　建立基于投资者保护的战略性投资者关系政策

上市公司应当基于战略层面建立健全投资者关系政策，聚焦公司的长远发展，结合公司的发展愿景与使命等，从战略管理的角度出发，建立基于投资者保护的战略性投资者关系政策。

在保证披露合规性信息的基础上，上市公司应当更加关注战略性信息的披

露。战略性投资者关系政策要求企业根据自身现在和未来两个层面的情况，结合公司战略发展的内部和外部环境因素及其变化趋势，对公司的信息披露做出战略规划，并站在保护投资者利益的角度上，通过面向广大投资者和分析师的电话会议、一对一或群体的投资者会议以及其他可广泛传播公司信息的有效途径，在投资者关系政策中明确并详细地规定上市公司将按照全面、及时、准确、公平的原则披露投资者关心的企业内外部环境分析、关键成功因素、战略目标、财务信息和非财务信息等，并加以警示性语句和免责条款等，方便投资者和分析师更好地评估公司价值。自愿性信息披露在保护投资者利益的同时，更加有助于上市公司增强吸引力和提高公司价值，最终实现其战略目标。

3.5.4 完善信息披露方式，保护中小投资者利益

为保证上市公司的信息披露能够符合真实、准确、完整、及时和公平的原则，上市公司应充分利用信息传播媒介，并明确规范各披露传播方式的准则以保证信息按照上述原则告知相关利益者。

根据上述对于国内外样本公司投资者关系政策的研究所得出的结论，国内上市公司新闻发布政策的得分几乎可忽略不计，电话会议准则和投资者会议这两项更是毫无规定，也没有保证使投资者和分析师能够有直接接触到公司高层和重大信息的机会。这充分说明在信息披露缺乏规范和管制的情况下，上市公司在其投资者关系政策中没有明示这些规定，而使其投资者关系政策中存在随意披露和不及时披露等问题，广大中小型投资者不能与大股东在同一时间得知重要信息，或者获得的信息不完全且具有误导性，以上这些极大地损害了中小投资者的知情权和参与决策权，妨碍了现有及潜在的投资者进行投资决策。

因此，为减少信息失真和信息不对称等问题，上市公司应在其投资者关系政策中明确并详细地说明新闻发布、电话会议、投资者会议等各项披露方式的内容、参与人、负责人、文档格式以及存档期限等必要因素，并保证投资者和分析师有权利随时要求公司代表回答其问题并提供相关文件证明，从而确保信息披露的公平性、公正性和公开性。

3.6　小　结

　　本研究通过选取 2005~2014 年在公司官网或证券交易所发布其最新的信息披露管理制度的部分中国沪、深两市的 A 股上市公司和欧美上市公司做样本，进行了重大信息的定义、选择性披露的定义、投资者会议、业绩指引以及发布分析师报告等投资者关系政策指标的比较和统计分析，运用对比分析的方法，研究中外投资者关系政策的完善程度和有效性。在前人研究的基础上，结合新时代变化了的新环境研究中外样本公司最新发布的信息披露管理制度，对比中外上市公司投资者关系政策评分的结果，并以此为基础分析中外上市公司投资者关系政策存在的差异。结果表明，总体上，中外上市公司的投资者关系政策的确存在相当大的差异。同时，根据对比结果，简要分析差异存在的原因，并从企业战略管理的角度，根据中外上市公司存在的差异，提出改善公司内部治理结构、增强投资者保护意识和创新信息披露方式的建议，最终达到完善市场机制、优化市场资源配置的目的。

　　当然本研究仍有许多不足之处，总的来说，主要包括以下三个方面：

　　（1）考察的内容比较单一，主观性较强。本章仅考察了中外投资者关系政策的内容，从中提炼出指标进行衡量。评分的过程加入了较多的主观因素，而仅考察投资者关系政策的内容并不能完全说明其在现实实践中的指导作用是否真的有效。因此，统计分析的结果主观性较强，说服力不够。

　　（2）样本容量不大。由于样本的衡量指标和指标衡量标准较多，而样本研究时间较短，再加上欧美国家代表性上市公司在其官网较少披露投资者关系政策，将其视为公司的内部治理政策而不再对外公布，所以本次研究样本容量较小，尤其是欧美国家代表性上市公司的样本个数。假如在数据可得、时间充裕的情况下，纳入更多符合要求的样本，将使研究数据更具代表性。

　　（3）对比条件控制不足。国内样本公司选取的大多是上证 180 指数成份股公司或行业内代表性公司，而国外样本考虑到数据收集的难度，放宽了条件，从发布信息披露制度的公司中勉为其难地选择了部分具有知名度的企业作为样本，相较而言，代表性不够强。在对比公司的过程中，对于公司规模、股本结构等各种细节条件没有做到完全得一一配对。因此，本研究中中外公司的对比只能从一定程度上反映出中外投资者关系政策上的差异，有待运用严格的控制变量法来更精确地对中外上市公司投资者关系政策进行对比分析，以完善这一方面的研究结论。

参考文献

［1］保利地产．保利房地产（集团）股份有限公司信息披露管理制度［EB/OL］．［2013-12-25］．http：//www. sse. com. cn/disclosure/listedinfo/announcement/c/2007-06-29/600048_20070629_1. pdf.

［2］北京首都旅游股份有限公司．北京首都旅游股份有限公司［EB/OL］．［2014-01-20］．http：//www. sse. com. cn/disclosure/listedinfo/announcement/c/2008-08-29/600258_20080829_2. pdf.

［3］大同煤业股份有限公司．大同煤业股份有限公司信息披露事务管理制度［EB/OL］．［2013-12-25］．http：//www. sse. com. cn/disclosure/listedinfo/announcement/c/2007-06-19/601001_20070619_2. pdf.

［4］飞亚达（集团）股份有限公司．深圳市飞亚达（集团）股份有限公司信息披露管理制度［EB/OL］．［2014-02-27］．http：//www. szse. cn/UpFiles/gszlwj/GSZL-000026-E-5262. Pdf.

［5］傅劲草．论我国上市公司信息披露制度［J］．现代商贸工业，2010（18）：229-230.

［6］国家电力发展股份有限公司．国家电力发展股份有限公司信息披露管理制度［EB/OL］．［2014-02-28］．http：//www. sse. com. cn/disclosure/listedinfo/announcement/c/2007-06-21/600795_20070621_3. pdf.

［7］河北福成五丰食品股份有限公司．河北福成五丰食品股份有限公司信息

披露事务管理制度 [EB/OL]．[2007-02-28]．http：//www.sse.com.cn/disclosure/listedinfo/announcement/c/2007-06-27/600965_20070627_2.pdf.

［8］华侨城股份有限公司．深圳华侨城股份有限公司信息披露管理制度 [EB/OL]．[2014-02-18]．http：//www.szse.cn/UpFiles/gszlwj/GSZL-000069-E-655.doc.

［9］青岛海尔股份有限公司．青岛海尔股份有限公司信息披露管理制度 [EB/OL]．[2014-02-07]．http：//www.sse.com.cn/disclosure/listedinfo/announcement/c/2009-04-29/600690_20090429_9.pdf.

［10］三一重工股份有限公司．三一重工股份有限公司信息披露事务管理制度 [EB/OL]．[2014-02-07]．http：//www.sse.com.cn/disclosure/listedinfo/announcement/c/2007-06-20/600031_20070620_4.pdf.

［11］陕西省国际信托投资股份有限公司．陕西省国际信托投资股份有限公司 [EB/OL]．[2014-02-28]．http：//www.szse.cn/UpFiles/gszlwj/GSZL-000563-E-423.doc.

［12］上海建工集团股份有限公司．上海建工集团股份有限公司信息披露管理规范 [EB/OL]．[2014-01-15]．http：//www.sse.com.cn/disclosure/listedinfo/announcement/c/2012-09-19/600170_20120919_2.pdf.

［13］深圳赤湾港航股份有限公司．深圳赤湾港航股份有限公司信息披露管理制度 [EB/OL]．[2014-01-15]．http：//disclosure.szse.cn/m/finalpage/2012-02-28/60592149.PDF.

［14］深圳南山热电股份有限公司．深圳南山热电股份有限公司信息披露管理制度 [EB/OL]．[2014-01-15]．http：//disclosure.szse.cn/m/finalpage/2007-07-25/30170088.PDF.

［15］万科企业股份有限公司．万科企业股份有限公司信息披露管理办法 [EB/OL]．[2014-02-07]．http：//www.szse.cn/UpFiles/gszlwj/GSZL-000002-E-1588.doc.

［16］王兰．上市公司自愿性披露的动因、影响因素及鼓励对策 [J]．商业经济，2009（4）：71-72.

［17］新大洲控股股份有限公司．新大洲控股股份有限公司信息披露管理制度［EB/OL］．［2014－01－22］．http：//disclosure. szse. cn/m/finalpage/2008－08－15/42133812. PDF.

［18］兴业银行股份有限公司．兴业银行股份有限公司信息披露事务管理制度［EB/OL］．［2014－01－25］．http：//www. sse. com. cn/disclosure/listedinfo/announcement/c/2009－03－17/601166_20090317_5. pdf.

［19］银座集团股份有限公司．银座集团股份有限公司信息披露管理制度［EB/OL］．［2014－01－25］．http：//www. sse. com. cn/disclosure/listedinfo/announcement/c/2007－06－14/600858_20070614_1. pdf.

［20］用友软件股份有限公司．用友软件股份有限公司信息披露管理制度［EB/OL］．［2014－01－27］．http：//www. sse. com. cn/disclosure/listedinfo/announcement/c/2007－06－26/600588_20070626_5. pdf.

［21］张爱清．企业战略性信息披露问题浅论［J］.财会月刊（会计），2000（14）：4-5.

［22］中铁铁龙集装箱物流股份有限公司．中铁铁龙集装箱物流股份有限公司信息披露管理制度［EB/OL］．［2014－01－20］．http：//www. sse. com. cn/disclosure/listedinfo/announcement/c/2007－08－18/600125_20070818_2. pdf.

［23］中视传媒股份有限公司．中视传媒股份有限公司信息披露事务管理制度［EB/OL］．［2014－02－10］．http：//www. sse. com. cn/disclosure/listedinfo/announcement/c/2007－07－03/600088_20070703_2. pdf.

［24］American Eagle Outfitters, Inc. American Eagle Outfitters, Inc. Disclosure Policy and Regulation FD ［EB/OL］．［2013－12－20］．http：//investors. ae. com/files/doc_ downloads/Disclosure% 20Policy% 205% 202013% 20Final% 20Formatted% 209%2018%2013. pdf.

［25］Broadcom Corporation Corporate Disclosure Policy ［EB/OL］．［2013－10－20］．http：//www. broadcom. com/docs/company/Corporate_ Disclosure_ Policy. pdf.

［26］Canfor Corporation Corporate Disclosure Policy ［EB/OL］．［2013－01－20］．http：//www. canfor. com/documents/policy/Canfor_ Corporate_ Disclosure_ Policy. pdf.

［27］ Lynn D M, Parris B C, Thorpe A D. Revisiting Your Key Corporate Governance and Disclosure Policies ［J］. Corporate Governance Advisor, 2010, 18 （6）: 13-25.

［28］ Harry Winton Diamond Corporation Policy on Corporate Disclosure, Confidentiality and Employee Trading ［EB/OL］. ［2014-01-10］. http: //phx. corporate-ir. net/External. File? item = UGFyZW50SUQ9MzE1Nzh8Q2hpbGRJRD0tMXxUeXBlPT M = &t = 1.

［29］ Ing Bank Disclosure Policy ［EB/OL］. ［2014-01-20］. http: //www. in-gbank. com. tr/en/ingbank/corporate-governance/policies/disclosure-policy.

［30］ Johnson Control, Inc. Disclosure Policy ［EB/OL］. ［2014-01-10］. ht-tp: //www. johnsoncontrols. de/content/dam/WWW/jci/corporate/our_ corporate_ go vernance/pdfs/2011_ Disclosure_ Policy_final. pdf.

［31］ Eng L L, Mak Y T. Corporate governance and voluntary disclosure ［J］. Journal of Accounting and Public Policy, 2003, 22 （4）: 325-345.

［32］ Corporate Disclosure Policy and Practices ［EB/OL］. ［2014-01-20］. ht-tp: //www. mts. ca/file_ source/mts. ca/Static_ Files/Raw_ PDF/CorporateDisclosure-PolicyFinal-English. pdf.

［33］ Magna International Inc. Corporate Disclosure Policy ［EB/OL］. ［2014-01-25］. http: //www. magna. com/docs/default-source/corporate-governance/re-vised-disclosure-policy---january-2013. pdf? sfvrsn = 2.

［34］ NIRI. Standards of Practice for Investor Relations ［EB/OL］. ［2013-09-20］. http: //media. corporate-ir. net/media_ files/priv/27585/standards_ practice. pdf.

［35］ Trimble Corporate Disclosure Policy 108. 0 ［EB/OL］. ［2014-01-25］. http: //files. shareholder. com/downloads/TRMB/3054836715x0x33550/e9431857-f7 5f-42d2-8d70-88c5b1e66c11/TRMB_ WebDoc_512. pdf.

［36］ Policy on Corporate Disclosure and Confidentiality of Information ［EB/OL］.

［2014 - 01 - 25］. http：//about. telus. com/servlet/JiveServlet/downloadBody/5295 - 102 - 1 - 5752/Corporate％ 20Disclosure％ 20Policy％ 20 -％ 20Jan％ 201％ 2C％ 20201 4. pdf.

［37］ Investment Community Communications Policy ［EB/OL］. ［2013 - 09 - 17］. http：//az204679. vo. msecnd. net/media/documents/investment - community - communications-policy_ 130063066362384095. pdf.

［38］ Western Financial Group. Western Financial Group Corporate Disclosure Policy ［EB/OL］. ［2014 - 01 - 25］. http：//www. westernfinancialgroup. ca/Files/ file/Corporate_ disclosure_ policy2010. pdf.

［39］ Xerox Corporation Disclosure Policy and Guidelines ［EB/OL］. ［2013 - 10-19］. http：//news. xerox. com/investors/disclosure.

第 4 章　中外网络投资者关系规制

随着因特网的快速发展，投资者越来越多地依赖于网络渠道以获取投资决策相关信息，因此越来越多的上市公司在指定网站、公司官网、社交媒体和其他因特网平台上开展了与资本市场各种主体进行信息交流沟通的工作，从而使网络投资者关系活动越来越普及。根据 Lymer（1997）的研究，上市公司网络投资者关系的历史，至少可以追溯至 1992 年，从那时起就已经有一些上市公司在公司网站上进行年报信息的发布，并利用电子邮件系统等与投资者进行信息沟通。2000年，全国投资者关系协会的报告显示，其 74% 的公司会员在公司网站上设立了投资者关系栏目（Allam and Lymer，2003）。2014 年，中国的巨潮 40 指数公司和美国道琼斯工业平均指数成分公司全部都在自己的网站上设立了"投资者关系"相关栏目（冯彦杰、徐波，2014）。许多学者的研究（Michael and John，2005；James and Lan，2006）表明，网络投资者关系有助于改善上市公司投资者关系水平，降低投资者与上市公司之间的信息不对称。

网络投资者关系（Internet Investor Relations，IIRs）正在深刻改变着上市公司和投资者之间的交流沟通方式，同时也改变着证券市场现有制度的基础。基于纸质时代所发展出来的证券市场规制和监管理念、政策、方式，如何能够适应网络技术的发展，是一个新的课题。研究发现中国上市公司的网络投资者关系水平与美国、英国等相比，存在明显的差距（冯彦杰、徐波，2014）。本章力图通过梳理美国在网络投资者关系规制方面的发展历程和条文，主要是上市公司与投资者在持续信息披露和沟通交流方面的规制，分析美国网络投资者关系规制建设，为我国进一步建设相关的规制提供一些参考和借鉴。

4.1　投资者关系规制、网络投资者关系规制及相关文献综述

4.1.1　投资者关系规制概述

中国证监委对投资者关系的定义是："投资者关系工作是指公司通过信息披露与交流，加强与投资者及潜在投资者之间的沟通，增进投资者对公司的了解和认同，提升公司治理水平，以实现公司整体利益最大化和保护投资者合法权益的重要工作。"（中国证券监督管理委员会，2005）Laskin（2009）调查了投资者关系日常工作的主要内容，调查结果按从业者所花费的时间多少打分排列如下：

（1）路演，演讲和会议。

（2）回复来自股东、分析师和证券经纪的问询。

（3）为高层或其他部门提供信息。

（4）一对一会议和谈判磋商。

（5）持股人研究和分析。

（6）报告准备（年报或其他报告）。

（7）合规方面的工作。

（8）可控媒体信息发布（网站、邮件列表、时事通信和其他公司媒体）。

（9）证券首发或增发等。

（10）大众传媒沟通。

从这些工作内容可以看出，投资者关系工作的主要作用是信息准备、发布和沟通，其中既包括内部信息沟通，也包括外部信息沟通。这些工作内容中的大部分目前均可以通过网络信息技术实现。关于上市公司信息披露和内外部信息沟通方面的规制条文分布在很多证券监管的法律法规中，而相关的这些法律法规条款

对投资者关系活动都具有规制作用。

　　本研究之所以选取投资者关系规制的角度，而不像一些已有的研究从信息披露的规制角度进行研究，是因为投资者关系工作涵盖的内容和形式非常丰富，很多类型的投资者关系活动具有比较强的"互动性"，而信息披露只是其中一部分的内容。上市公司与各种类型的投资者和潜在投资者在互动的交流沟通中所产生的信息流动，可能产生相互的激发和临场性质的信息交换。尽管投资者关系工作的实质之一仍然是上市公司向相关市场参与主体进行了信息披露，但对内容和形式丰富、具有很强互动性的信息流动进行规制显然比规制以单向、有计划、有准备为主要特征的信息披露需要更加全面的考虑。

　　OECD认为规制是政府或政府授权的非政府组织和自律组织对企业或公民施加影响的各种手段（朱明、谭芝灵，2010）。本研究从规制的角度展开，而不仅从监管或者条文等其他角度研究，是因为规制包括了法律法规研究、起草、征求社会各界意见、发布、解释、根据法律法规对相关主体进行监管和对违反法律法规的主体进行调查、取证、判罚等一系列工作，既包含消极的干预（限制权利），也包含积极的干预（鼓励、保护协助）；既包括强权性干预，也包括非强权性干预（沈伯平，2005），因此可以从更多的角度研究政府行为发展历程。

　　投资者关系的规制与证券市场的规制是密不可分的。美国证监会将与证券监管相关的基本规制分为了两大类：法律法规下相关政府机构的规制和上市规则下证券交易所的规制。有时行业自律组织规制也被看作规制的一类。本研究主要考察政府规制。在美国，与投资者关系规制最密切相关的联邦法律是《1933年证券法》（the Securities Act of 1933，以下简称the "Securities Act"证券法）和《1934年证券交易法》（the Securities Exchange Act of 1934，以下简称the "Exchange Act"交易法）。其他相关法律还包括《1970年证券投资者保护法》（Securities Investor Protection Act of 1970），《2002年公众公司会计改革和投资者保护法》，也称《萨班斯-奥克斯利法案》（Sarbanes-Oxley Act of 2002），2010年《多德-弗兰克法案》（Dodd-Frank Act of 2010）等。下文中，我们用"联邦证券法律"统称以上法律。

　　作为证券活动的管理机构，美国证券交易委员会（以下简称SEC）通过规章

制定（Rule Making）程序针对这些法律制定了很多的规章制度。除此之外，SEC
还通过理念性公告（SEC Concept Releases）、解释性公告（SEC Interpretive Relea-
ses）和证监会工作人员解释（SEC Staff Interpretations）等不断细化法律法规。
按照美国的法律框架，联邦法律和 SEC 制定的规章是有法律效力的，而 SEC 发
布的其他文件的法律效力程度则大小各异。①

　　中国证监会将与证券监管相关的法律法规分为了五个类型：国家法律、行政
法规、司法解释、部门规章和规范性文件。② 《中华人民共和国证券法》（以下简
称证券法）、《中华人民共和国公司法》（以下简称公司法）、《中华人民共和国刑
法》（以下简称刑法）是最重要的证券监管法律，从而都与投资者关系直接相
关。中国证监会 2007 年颁布了《上市公司信息披露管理办法》，③ 这是与投资者
关系密切相关的部门规章。与投资者关系密切相关的规范性文件是证监会 2005
年颁布的《上市公司与投资者关系工作指引》。④

4.1.2　网络投资者关系规制概述

　　作为投资者关系的一种特定类型，网络投资者关系无疑也受到前述投资者关
系相关规制的管理。但是，作为一种新型的投资者关系活动形式，与以纸媒和面
对面直接交流为主要形式的传统投资者关系活动相比，IIRs 有自己一些独特的
特点。

　　相较于 IRs 线下活动，IIRs 通过在网络上开展路演和会议等活动节省了上市
公司的 IR 成本和投资者获取信息的成本。上市公司网络上发布的信息，易于通
过转载转发等形式进行传播，使上市公司发布的信息得以广泛而迅速地传播，同
时留存在网络上的信息便于保存、回溯和检索，使投资者可以更有针对性地留存
和查找信息。网络信息传播的即时性有助于投资者即时获取上市公司信息。网络

---

① SEC. Researching the Federal Securities Laws Through the SEC Website ［EB/OL］. ［2014-08-30］. ht-
tp：//www. sec. gov/investor/pubs/securitieslaws. htm.

② 参见 http：//www. csrc. gov. cn/pub/newsite/flb/flfg/.

③ 参见 http：//www. csrc. gov. cn/pub/zjhpublic/zjh/200804/t20080418_14481. htm.

④ 参见 http：//www. csrc. gov. cn/pub/newsite/flb/flfg/bmgf/ssgs/gszl/201012/t20101231_189739. html.

的开放性极大地丰富了投资者获取信息的渠道，有助于增加传播内容的深度和广度。PPT、视频广播、网络广播、超链接文件、网络订阅等多种网络传播方式和文件形式的使用有助于投资者对上市公司信息的阅读和理解，并提高了投资者获取信息的便捷性。

IIRs 在给上市公司和投资者带来诸多便利的同时，也给投资者关系规制带来了诸多问题。首先，信息披露公平性的问题，监管机构在是否允许发行人、上市公司等信息披露义务人通过网络向证券市场进行信息披露时，要充分考量投资者是否能够公平地获取网络信息内容；其次，电子化的信息披露文件存在着易篡改的特征，增加了证券市场违法行为发生的概率，也不利于监管机构对信息披露的监管；再次，丰富的网络证券信息给投资者带来了发现、甄别和选择问题，增加了投资者的筛选成本，投资者面对浩如烟海的网上信息，如何方便地找到可作为投资依据的证券信息，给监管机构提出了挑战；最后，证券市场的违法行为人也充分利用了网络技术的匿名性、迅捷性、超链性等特征，发布虚假信息进行市场操纵，通过黑客技术窃取上市公司内部信息等给证券市场监管带来了挑战（武俊桥，2010）。

国际证券监管委员会组织 IOSCO 在 1995 年、2001 年和 2003 年就网络证券活动发布了三个报告（Report on Securities Aci1vity on The Internet Ⅰ，Ⅱ，Ⅲ），给出了有关网络证券活动的规制参考原则，并就其成员国的网上证券交易监管的措施作了总结（冯果等，2011）。美国证券监管委员会 SEC 在 2000 年出台了《电子发布指引》、在 2008 年出台了《公司网站使用指引》、在 2013 年发布了针对网飞公司不规范使用社交媒体的调查报告等文件规范和推进了上市公司网络投资者关系的发展。我国证监会在相关的法律法规和平时的新闻发布中也对网络投资者关系某些活动提出了一些规范性的条文和指导意见。本研究关于中美网络投资者关系规制的比较就是建立在两国这些法律法规制度的基础上的。

4.1.3　网络投资者关系规制研究综述

国内目前有关网络投资者关系规制的研究还不多见，系统研究美国网络投资者关系相关规制的更是非常少。目前已有相关研究大多数是从网络证券信息披露的角度出发的，提出的一些对于规制的建设性意见包括：①提高公司网站等网络技术手段的法律地位和作用，利用网络建立证券市场的实时信息公开系统和更公平的信息披露机制。例如刘俊海（2015）认为证券市场信息除了在指定报纸、期刊上刊登外，还应置备于信息披露义务人的住所和网站，方便公众投资者查询、摘录、复印；为了提高信息披露的实时性，应责令上市公司在披露事项发生之时即应通过公司的官方网站与证监会指定的官方网站同时披露相关信息。冯果、武俊桥认为通过网络进行实时信息披露系统有利于证券市场的发展，在电子时代，信息披露的公平原则应该确立，通过网上证券信息披露的方式充分实现对投资者利益的保护。[①]　②加强证券发行网上路演过程中的信息监管，尤其是自愿信息披露内容的监管。冯果等认为，在网上路演的过程中，由于互动性较强，发行人及承销人难以保障其所陈述的内容全部符合招股意向书的规定。[②]　为此他们建议，网上路演过程中发行人所披露的内容应当向证监会报备，其中披露内容如果属于发行人在招股意向书中未披露的内容应构成招股说明书之组成部分。这个研究从发行过程的信息披露角度注意到了互动过程对信息披露的影响，对于我们研究投资者关系工作中频繁的互动造成的规制方面的影响给出了有益的启示。③以网络为导向的信息披露监管理念应该鼓励多媒体方式在信息公开中的应用，但也应注意准确性和公平性的问题。[③]　例如视频应加上文字说明以提高准确性，为多媒体文件提供同等的纸质文件以方便那些不能读取多媒体文件的投资者等。尽管与本研究的角度不同，上述研究结论对网络投资者关系规制的完善具有很强的指导意义，同时也意味着详细研究与借鉴国外网络投资者关系的规制具有十分迫切的时代需要。

　　网络投资者关系规制，涉及公司网站和社交媒体的使用、政府指定信息披露网站的使用、证交所主导下的网络平台的使用、某些第三方网络平台的使用以及其他的以网络为媒介的信息发布、沟通和交换等，使用场景既包括发行市场也包括交易市场，涉及众多的法律制度。为便于聚焦，以下集中讨论关于上市公司网

---

①②③　冯果，等. 网上证券交易法律监管问题研究［M］. 北京：人民出版社，2011.

站和社交媒体使用的规制,梳理中美两国在这两个方面的规制的发展脉络和条文。

<h1>4.2 关于上市公司使用网站开展投资者
关系活动的规制</h1>

4.2.1 美国关于上市公司使用网站开展投资者关系活动的规制

美国证监会对于网站投资者关系活动的规制主要表现在两个方面:一方面要求和监管上市公司使用 EDGAR 系统进行证监会所要求的文件的上传和披露;另一方面积极推动和监管上市公司使用自己的网站开展各类投资者关系活动。

EDGAR,全称是电子数据收集、分析和检索系统(the Electronic Data Gathering,Analysis,and Retrieval system),上市公司和其他依据法律需要向美国证监会提交资料的主体,其所提交的所有资料内容都经这个系统进行自动收集、确认、索引、接收和转发。[①] 所有在美国上市的美国和他国公司,都需要通过该系统上传注册文件、定期报告和其他证监会要求的文件(Commission Filings)的电子文档。任何人都可以在美国证监会的网站上免费查阅和下载这些信息。

除了 EDGAR 系统,美国证监会还制定发布了一系列解释性公告和规章,推动和监管上市公司利用自己的公司网站和社交媒体账号等,向投资者提供信息并与投资者开展交流。关于上市公司使用网站开展与证券市场的沟通和交流等活动,SEC 先后通过 2000 年的电子发布指引、2000 年的《公平披露规则》和 2008 年的公司网站使用指引加以引导、规范,以下重点介绍和分析这三个规章的内容和意义。

---

① SEC. Important Information About EDGAR [EB/OL]. [2014-09-30]. http://www.sec.gov/edgar/aboutedgar.htm.

4.2.1.1　2000 年《电子发布指引》中有关公司网站信息发布的指引

SEC 多次以解释性公告的方式发布"电子发布"指引，包括 1995 年、1996 年和 2000 年的《电子发布指引》。① 这些解释性公告都以规章制度的方式补充进入了美国证券法和证券交易法等相关法律。这些解释和规则的基本原则是：只要电子媒介信息的获取对所有人是免费的，使用电子媒介递送信息和使用电子媒介让投资者和市场获得信息，被视作与使用其他方法具有同等效力。这些指引多处涉及对公司使用网站发布信息的引导和规范。

2000 年 4 月 28 日，美国证监会以解释性公告的形式颁布了《电子发布指引》（the 2000 Electronics Release），② 以规制电子媒介的使用。该公告指出，联邦证券法同样适用于发行人网站上发布的内容，如同适用于可以追溯到（归因于）发行人的任何其他信息一样。针对发行人网站内容，指引在两个方面做出了一些引导和解释性说明：联邦证券法中反欺诈条款下，发行人对超级链接信息的责任；在注册发行阶段发行人网站信息沟通。

如发行人提供了第三方信息的链接，该链接所至信息的法律责任是否可以归因于某发行人，取决于发行人是否参与了信息准备，或者明示或暗示地核准了该信息或为该信息背书。在分析发行人对第三方信息（如链接的分析师报告）的责任时，法院和 SEC 参考两个理论：第一是纠缠理论（"Entanglement" Theory）；第二是收养理论（"Adoption" Theory）。纠缠理论下的责任取决于信息发布前发行人在信息准备过程中的参与程度；而在收养理论下的责任则取决于，在信息发布后，发行人是否明示或暗示地认可了该超链接所至的信息或者为该信息背书。超链接信息的上下文、在网页上的展现形式、是否警示此为第三方信息等，都会影响到责任的判定。

---

① Use of Electronic Media, Release No. 33-7856（Apr. 28, 2000）［65 FR 25843］（"2000 Electronics Release"）; Use of Electronic Media for Delivery Purposes, Release No. 33-7233（Oct. 6, 1995）［60 FR 53458］（"1995 Electronics Release"）; Use of Electronic Media by Broker-Dealers, Release No. 33-7288（May 9, 1996）［61 FR 24643］（"1996 Electronics Release"）.

② SEC. Use of Electronic Media, Securities Act Release No. 33-7856, Exchange Act Release No. 34-42728（Apr. 28, 2000）［EB/OL］. ［2014-01-25］. http：//www. sec. gov/rules/interp/34-42728. htm.

在注册发行阶段，《1933 年证券法》及相关规章将发行相关信息限定在招股说明书和其他基于证券法安全港规则允许沟通的信息范围内。这个规定同样适用于发行人建立了超链接所指向的第三方网站信息。处于注册发行阶段的发行人应该与公众就限定范围内的正常经营信息（Ordinary-Course Business）和财务信息的问题进行沟通，包括：发行人产品和服务的广告；证券法要求提交给 SEC 的报告；给证券持有者的表决文件、年度报告和分红通知；有关经营和财务进展的新闻发布；回答来自证券分析师、金融分析师、证券持有者和其他对发行人事务具有合理兴趣的传播领域主体的主动电话问询；证券持有者会议及回复证券持有者与这些内容相关的问询。包含属于上述各类信息的文书，或者证券法安全港适用的文书，可以在注册过程中发布在发行人网站上，以及直接或间接地通过超级链接指向第三方网站（包括参与注册发行的证券经纪公司）。

电子发布系列指引的主要意义在于三点：一是明确了电子文件与其他形式的文件（如纸媒文件）具有完全可替代的法律地位，这标志着美国针对发行人信息披露的监管，从纸媒时代进入了网络时代；二是上市公司网站内容被纳入了法律的监管范围，上市公司必须为自己网站发布的信息负法律责任；三是上市公司对根据纠缠理论和收养理论可归因至上市公司的任何第三方发布的信息，例如超链接信息、负有法律责任。公司在注册发行阶段的信息披露法律责任同样适用于发行人网站上建立了超链接所指向的第三方网站信息。

4.2.1.2 2000 年《公平披露规则》中有关公司网站使用的规定和指引

2000 年 8 月，《公平披露规则》（Regulation FD）颁布。[①] 该规章是针对证券法、交易法和投资公司法的规章制定，但很多时候被作为单独的法案引用。其主要致力于消除选择性披露及可能由此引发的内部交易现象。在选择性披露中，一些投资者可以先于其他投资者（通常是中小投资者和个人投资者）获得市场动向信息。《公平披露规则》要求发行人在有计划地披露重大非公开信息时，必须

---

① SEC. Selective Disclosure and Insider Trading: Securities Act Release No. 33-7881, Exchange Act Release No. 34-43154 [EB/OL]. (2000-10-23) [2014-07-14]. http: //www. sec. gov/rules/final/33-7881. htm.

以可以向公众公开披露的形式进行，而不是通过选择性披露进行。对于并非有计划披露，而是无意中披露了重大非公开信息的情形，必须迅速通过前述方式进行补救披露。达到向公众公开披露效果的方式包括：向SEC提交8-K表格；其他合理设计的可广泛、非排他地向公众发布信息的途径。SEC列举了一些其他合理途径，包括：通过广泛散布的新闻或通信服务发布新闻公告；通过新闻发布会或电话会议发表声明，会议须是感兴趣公众成员可以参加或者收听的，参加或收听的方式可以是本人到现场，也可以是通过电话连线，或通过其他电子传送方式（包括应用互联网）。发布会或电话会议召开前，应给公众充分提示会议即将召开，并提供给公众可以获取会议信息（Access It）的方法。

除了上述列举的途径，SEC解释说，企业可以组合运用披露方式来进行有计划的重大信息披露，例如企业如果召开业绩发布会，可以采用如下的流程模式：首先，通过常用渠道发布新闻，宣布业绩发布会即将召开；其次，通过新闻发布或网站内容张贴，提供充分的提示，说明预计的业绩发布电话会议即将讨论经营业绩结果，会议的确切日期和时间，并告诉投资者怎样参与（Access）该会议；最后，采取公开的方式召开会议，允许投资者通过电话收听，或者通过网络广播方式收听。运用这些步骤，发行人可以利用发布新闻的方式提供初始的广泛的信息传播，在接下来的电话会议中与分析师讨论其业绩，而不用担心是否会涉入选择性披露重大信息以及是否需要在初始披露后再进行额外细节披露。

关于企业网站用于重大信息披露，SEC进一步解释说，尽管在《公平披露规则》建议稿中，SEC认为在发行人网站上张贴信息本身不会被认定为充分的公开披露，但是，随着网络技术的进步和越来越多的投资者运用网络，SEC相信，一些被投资界广泛关注了其网站的发行人，可以用这个方式实现公开披露。而且，尽管在现阶段，发行人在其网站上张贴信息，仅就这个行为本身，不构成公开披露的充分方式，但是SEC认可发行人网站可以视为有效披露程序的一个重要构成要素。所以，在某些情况下，发行人可以说明在其网站上的披露是实现信息公开披露的"合理设计的可广泛、非排他地向公众发布信息的途径"的组合方式的一部分。

在判断发行人进行披露的特定途径是否合理时，SEC会考虑所有的相关事实和环境，对某些发行人来说有效的途径，对其他发行人可能并不有效。例如，如果发行人清楚它的新闻发布通常并不会被主要的商业通信服务商散发，对这个发行人来说，新闻发布就不是一个公开披露的充分方式；这种情况下，发行人应该运用其他或者额外的发布形式，例如向本地媒体发布信息，向 SEC 提交 8-K 表格，在发行人网站上张贴信息，或者将新闻发布的内容传给更多类型的媒体，甚或不进行新闻发布。

同时，SEC 警示发行人，如果发行人选择与其常规公开披露方式不同的方式进行披露，可能会影响到关于其针对特定情况选择的方式是否合理的判断。例如，如果一个发行人通常用新闻发布的方式进行季度业绩披露，但是在最后一分钟却决定采取网络广播的方式进行披露，SEC 会怀疑，其在网络广播中披露的信息是否涉嫌选择性披露，而不是提供了有效的"广泛、非排他的披露"。简言之，发行人针对特定情况选择披露途径时，应审视其是否符合"合理设计的可广泛、非排他地向公众发布信息"这一原则。

《公平披露规则》对上市公司网站在公平披露方面能够发挥的作用给予了充分的肯定，认可在一定情况下，网站披露是实施信息公平披露义务的一个重要组成部分，极大地调动了上市公司在自己的网站上开展投资者关系活动的积极性。为防止出现选择性披露，很多上市公司开始把分析师会议、年度业绩发布会、管理层在外部会议的演讲等的音频、视频和文字记录稿等发布在自己的网站上（Jung et al.，2011），尽可能地让所有的对外重大信息披露能够使广大投资者公平获得。

4.2.1.3　2008 年《公司网站使用指引》

2000《电子发布规则》《公平披露规则》颁布后，上市公司网站的应用得到快速发展。同时投资者通过网络获取信息的方式也越来越普及。调查发现，2006年，92%的基金投资者可以通过因特网获取信息。2008 年，美国证监会意识到，对大多数投资者来说，通过 EDGAR 或者公司网站获得电子形式的信息，比其他方式的信息获得方法都更加快捷和经济。① 尽管 SEC 的法律法规并不强制要求所有的有披露义务的公司建立和维护（自己的）网站，但它确实意在推动公司使用自己的网站实现强制信息披露，在某些情况下，甚至是要求公司这样做。SEC 相信，公司披露的信息应该存放在多个地点并采取多种形式，以帮助投资者获取这些信息。公司自己的网站对投资者寻找公司信息来说是一个显而易见的地点，而且绝大多数的上市公司已经在自己的网站上提供了获取证监会所要求文件的方式。技术的进步和成本的降低使得公司可以在网站上放置更多的交互性强和最新的信息，使得网站不再仅仅是一个静态的文件柜，而是变得更加动态，能够根据市场的需求提供更多最新的、可搜索的和交互的信息。允许公司以比 EDGAR 所规定的数据格式更先进的方式将信息提供给投资者将使投资者获益。正是由于 SEC 认识到因特网在推动联邦证券法目标实现方面的巨大潜力，它持续鼓励公司在遵守联邦证券法的前提下不断发展自己的网站，使公司网站成为帮助投资者有效获取信息和分析信息的工具。公司网站信息呈现方式的改进将使各类投资者能够收集到翔实程度满足自己意图的公司信息。为了鼓励公司将自己的网站作为向投资者发布重要公司信息的途径，美国证监会认为推出针对公司网站运用的专门指引的时机已经成熟，公司网站使用指引（Commission Guidance on The Use of Company Web Sites）发布。

公司网站使用指引是以解释性公告（作为交易法和投资顾问法的解释性条文）的形式推出的。指引总结了以往分散在联邦证券法律多处条文中的关于公司网站信息满足法定信息披露要求的三种情形，并重点就四个领域的问题进行了进一步的分析与澄清并做出了指引，这四个领域是：①《公平披露规则》下，公司网站信息是否是"公开"（Public）的性质评估；②反欺诈和交易法其他相关条款下，公司对于公司网站信息的法律责任，包括早前在网站上张贴的信息，经由超级链接指向的第三方信息，总结性信息和网站交互内容等；③披露控制和程序；④公司网站信息可读性（而非可打印性）格式。

---

① SEC. Commission Guidance on The Use of Company Web Sites: Exchange Act Release No. 34 - 58288 [EB/OL]. (2008-08-07) [2014-07-14]. http://www.sec.gov/rules/interp/2008/34-58288.pdf.

4.2.1.3.1　公司网站信息发布满足联邦证券法律信息发布要求的三种情形

美国证监会在指引中说明，它鼓励公司使用网站发布信息，主要表现在两个方面：首先，在联邦证券法律要求文档提交时，美国证监会鼓励以电子文档的形式进行提交或者电子文件可读取即可满足提交要求。这样一来，在满足一定条件下，招股说明书或者表决议案等可以通过电子文档方式递送，或者可以通过因特网以即可读取的电子通信形式满足证券法律法规相关要求。其次，在交易法要求信息披露时，在特定条件下，美国证监会允许公司通过"投资者可在公司网站上获取该信息的网站服务方式"满足交易法相关要求。

通过"投资者可在公司网站上获取该信息的网站服务方式"满足交易法相关信息披露要求，在不同的条件下，分别可以分为以下三种情形：

（1）公司网站信息发布作为 EDGAR 系统信息发布的补充。在这种情形下，公司信息在 EDGAR 和公司网站上都可以获得。SEC 一直推动这种补充性用法，例如要求公司：

1）在公司年报的 10-K 表格上披露公司网址，并声明交易法所要求的报告是否可以在其网站上找到。

2）公司将证券法要求的、之前已发布的报告放在网站上，可以仅引用的方式，将其合并进入招股说明书，作为注册文件表格 S-1 或表格 S-11 的一部分。

3）如果公司有自己的网站，需要在其网站上张贴所有在交易法第 16 条（a）下面的受益所有权报告，包括管理人员、董事和主要持股人。

4）如果公司有自己的网站，需要在其网站上张贴其证券退市或退出注册意向的通知。

5）在交互数据建议公告中，SEC 建议公司维持自己的网站能够张贴交互数据文件。

（2）公司网站发布信息代替通过 EDGAR 发布信息。SEC 给予了公司灵活选择权，使公司在某些情况下，可以通过将文件提交 EDGAR 发布，或者将文件发布在公司网站上，满足交易法下的某些披露要求，这使公司网站具有了某些替代 EDGAR 系统的用途。例如：

1）公司可以在其网站上披露非通用会计准则（GAAP）财务方法和SEC条例G所要求的信息。

2）资产支撑证券发行人在网站上张贴静态池数据，则无须将文件提交ED-GAR发布。

3）公司可以将审计、提名和薪酬委员会章程公布在网站上，以替代将这些文件放在股东大会文件或其他信息公告里面。

4）公司可以通过在网站上张贴信息来披露对其伦理守则的重大修订或者对伦理守则的某条款的重大免除，则无须通过EDGAR发布8-K表。

5）公司可以将董事会成员出席年度股东会议的情况在网站上提供，则无须放入股东会议决议公告里。

（3）公司网站作为完全独立于EDGAR系统的信息发布途径。SEC认为，在极其有限的情境下，公司网站甚至可以作为完全独立于EDGAR的、单独向投资者提供信息的途径。SEC允许特定的外国私人发行人，在某些情况下，将自己的网站作为首要的或单独的信息提供渠道，并以此为基础得以免除证券法下的注册和报告要求。

4.2.1.3.2 《公平披露规则》下，公司网站信息公开与否的性质评估

尽管SEC还没有解决这样一个问题，即为了判定该类信息的后续选择性披露是否违反了《公平披露规则》，公司网站信息什么时候和什么情况下可以被认定为是公开的，但SEC认为，考虑到自2000年以来网络技术的显著进步及公司、投资者和其他市场主体运用因特网的广泛性，提供进一步的指引的时机已经到来，以指导出于《公平披露规则》的目的，公司网站信息发布是否可以满足公开披露的要求。SEC提供指引的目的是帮助判断在什么情况下，由公司或者代表公司张贴在公司网站上的信息，在评估以下事项时会被认定为"公开的"：①对所张贴信息的后续私下讨论或披露的《公平披露规则》适用问题；②是否满足《公平披露规则》"公开披露"的要求。

（1）什么情况下信息会被认定为满足或不满足《公平披露规则》所规定的"公开"。评估张贴在网站上的信息是否是公开信息，以使这些信息对《公平披

露规则》中列举人的后续披露不构成非公开的信息披露，是公平法案需要解决的重要问题之一。

特别地，《公平披露规则》意在解决公司选择性披露重大信息的问题，即"由于能够优先接触企业内幕知情者，而不是由于技能、敏锐或勤勉，有特权的少数人获得信息优势并获得利用这种信息优势获利的能力"，所以，当提供有关信息在什么情况下是"公开的"的指引以评估后续选择性披露是否违反了《公平披露规则》的时候，我们必须牢记，为了使信息公开，信息的发布方式必须是精心设计的，可以通过被认可的发布渠道普遍地传给资本市场，能够给公众投资者合理的等待时间以对该信息做出反应。

因此，为了评估公司网站信息是否是公开的，公司必须考虑公司网站信息是否满足如下条件：①公司网站是被认可的发布渠道；②在公司网站上张贴信息后，信息被散播的方式使得它可以普遍被证券市场获得；③给投资者和市场以合理的等待时间以对所张贴信息做出反应。

关于条件一，SEC 相信一个公司的网站可以成为发布公司业务、财务和运营状况的重要渠道。而一个公司的网站是否是信息发布的受认可的渠道，取决于公司在提示市场到其网站获取信息和提示市场其披露实践惯例等方面所采取的措施，以及投资者和市场使用公司网站的情况。

关于条件二，SEC 认为，当今，新闻的散播是处在一个电子信息的世界里的，散播新闻或其他信息的渠道非常多，多种多样的渠道造就了新闻的快速传播发布（及相应建立在这些信息基础上的快速交易量）。由于各种规模的公司都具有将信息放在它们网站上的能力，且这些网站可以被全体投资者广泛用来获得信息，同时由于投资者可以容易地通过互联网查找和检索到公司信息，SEC 已经从一个变化了的视角来分析"散播"的概念。SEC 相信，在公司网站已被投资者知悉为一个公司信息存放地点的背景下，在《公平披露规则》中出于"散播"的目的而对网站信息进行"公开"与否的评估时，应该聚焦于两点：①信息张贴在公司网站上的方式；②投资者和市场获取这些信息的及时性和便易性。

公司在评估自己的网站是否是一个被认可的发布渠道，在网站上的信息是否是"张贴的，可获得的"从而是已经"散播"的，需要考虑如下这些因素，当

然如下的列举并未穷举：

①公司是否以及如何让投资者和市场知悉公司具有网站，而且他们应该如何浏览网站以获取公司信息？例如，公司在定期报告及新闻发布中，是否披露并包含了公司的网址，并且经常在网站上张贴重要信息？

②公司是否已经让投资者和市场获知它将在网站上张贴重要信息？公司是否具有在网站上张贴这种信息的模式或惯例？

③公司网站的设计，是否可以引导投资者和市场高效地找到公司的各种信息？其中是否包括对投资者特别重要的信息？信息是否明显地放在了网站已知的、常规的、用来进行这种披露的位置？信息的格式对一般大众来说是否是可以读取（Accessible）的？

④张贴在网站上的信息被市场和常见媒体提及或引述、报道的情况，或者公司向新闻媒体和媒介通告这些信息的情况以及市场跟踪相关公司的情况。例如，当评估所张贴信息的可获得性的时候，被市场和媒体密切跟踪的公司可能清楚市场和媒体会将其在网站所发布的信息进行拾取并进一步进行传播。另外，市场跟踪较少的公司，比如一些小市值公司，就需要采取进一步的措施，确保投资者和其他人知道信息已经或正在被张贴到公司网站上，他们如果想获取公司信息就应该去浏览公司网站。

⑤公司为了使其网站和信息的可用性增强而采取的一些措施，包括"推送"技术的运用，例如 RSS 技术，或者使用其他发布渠道以广泛传播其信息或者通告市场其可获得性。SEC 不认为推送技术是实现信息散播的必需手段，尽管在评估信息的可获得性时，这也是可以考虑的因素之一。

⑥公司是否保持了其网站信息的实时更新和确切性。

⑦除张贴在网站上以散播信息外，公司是否运用了其他方法，这些其他的途径是否以及在何种程度上是公司进行信息发布的主要途径。

⑧信息的性质。

关于条件三，在判断公司网站信息发布是否满足了合理等待时间的要求时，可以考虑的因素包括：

①公司的规模和市场对公司的跟踪情况。

②公司网站上为投资者服务的信息在何种程度上被常规性地获取。

③公司在让投资者和市场知悉它用网站作为一个重要的信息发布渠道方面所采取的措施，包括张贴信息的具体位置。

④公司是否采取了措施积极散播信息，张贴在网站上的信息的可获取性，包括使用其他信息发布渠道的情况。

⑤信息的性质和复杂性。

在满足上述三个条件的情况下，如果公司网站发布的信息可以被判定为是"公开"的，那么后续对该信息的选择性发布，例如在与分析师的非公开对话中披露该信息，就不会触犯《公平披露规则》，因为这样的披露，即使涉及的是重大信息，但并非是非公开重大信息。但是如果条件不满足，公司网站发布的信息被判定为非"公开"的，那么后续的选择性重大信息披露就触犯了《公平披露规则》。

（2）《公平披露规则》公开披露要求的满足。根据2000年的《公平披露规则》，一旦选择性披露发生，公司应当通过向SEC提交8-K表格或者通过合理设计的可替代的途径，将信息对公众进行广泛的、非排他的发布。对于有意的选择性披露，这个发布需要同时进行，对于并非有意的选择性披露，需要迅速发布。SEC在2000年发布《公平披露规则》的时候，并未明确公司网站披露本身是否是一种可以接受的符合《公平披露规则》下对重大非公开信息进行"公开披露"的途径，但是认可了网站披露和网络广播可以构成满足法案披露要求的整体披露方式的一部分。但在2008年的《公司网站披露指引》中，SEC确认，在某些情况下对某些公司来说，在公司网站上张贴信息，可以独立成为一种满足《公平披露规则》下有关公开披露要求的方式。公司需要参考前面有关何种情况下信息会被认定为满足或不满足《公平披露规则》所规定的"公开"的讨论中所提到的条件，考虑怎样可以使自己的网站成为一种"合理设计的，向公众提供广泛的、非排他的信息发布"途径。评估在公司网站上张贴信息是否满足《公平披露规则》关于公开披露的要求，责任由公司自负。

4.2.1.3.3 反欺诈和其他交易法相关条款

SEC 重申了 2000 年《电子发布指引》中公司对网站内容和第三方链接内容的法律责任，并指出公司应该注意其网站内容在证券交易法 Section10（b）和 Rule 10（b）-5 条款下的法律责任。这些条款禁止公司在信息披露中对影响到证券买卖的事实做出重大错误陈述、隐瞒或遗漏。

在 Rule 10（b）-5 条款下，信息是否满足重大性的要求要看"这些遗漏的事实如果被披露，会有极大的可能性，被理性的投资者认为可以显著地改变已有信息的总体组合"（Total Mix）。张贴在公司网站上的信息，是否会被认为是"总体组合"中的重大信息的一部分是由信息本身和环境决定的。公司可以采取一定的措施，影响关于张贴在网站上的信息或超链接到第三方的信息是否是重大信息的判断。

此外，根据一些法律法规，公司可以将其网站作为唯一的披露渠道，而不是在 EDGAR 系统上披露。但是，交易法 Section 13（a）、Rules 13a-1 和 12b-20 条款适用于由公司向 SEC 提交的文件，而通常不适用于公司网站披露。如果公司不能满足将网站披露作为交易法所要求的报告提交或发布的合规途径，公司可能会由于未提交报告而导致违反交易法报告条款。

（1）获取公司网站上早前张贴的资料或报告的法律效果。一些公司总是担心，早前张贴在网站上的资料或报告，在隔了一段时间后被获取，会不会被认为是在获取时点"重新发布"的，从而产生相应的法律责任。一般情况下，公司网站上早前张贴的资料或报告可以被投资者获取，其本身并不意味着早前张贴的资料或报告是被重新发布的，从而公司不会被追究关于这些信息在联邦证券法律反欺诈条款下，有关公司发布新的报告，或者公司更新这些资料或报告的相关责任。但是公司应该采取合适的措施，使得理性投资者可以明显辨识出哪些是早前张贴的信息，例如将文件加上发布时间的标志或者放在专门存放历史文件的栏目下。

（2）超链接所至第三方信息。SEC 对 2000 年电子发布指引中有关"收养理论""纠缠理论"下的超链接所至第三方信息的法律责任做出了进一步的说明和指引。当评估公司是否认可超链接所至的第三方网站的信息的时候，一个重要的因素是公司是怎么说明这个超链接是什么的，包括超链接出现的地方的语境所暗含的说明。所链接的信息的性质和内容也需要加以考虑。公司在何种程度上，针对某类信息，做出了有意识的第三方信息选择，可能表明公司在多大程度上对这个信息持有正面或肯定的观点和态度。SEC 认为，公司针对第三方链接信息所发出的免责声明，其本身不足以构成针对这些信息的法律责任的隔绝。从而，如果公司明知或因疏忽大意未发现超链接所至信息是有重大错误或误导性的，其将不能逃避反欺诈责任。

（3）总结性信息。一些公司担心网站上包含的总结性或概述性信息在联邦证券法反欺诈条款下的责任问题。总结性或概述性信息指信息所含内容及其详细程度不超过其基础信息或其所总结的信息。SEC 认为，总结性信息对投资者可以起到很大的帮助作用，尤其是在信息很长或很复杂的情况下。因此，网站上使用总结性信息应该也是有益于投资者的。

但是，如果总结性信息本身被理性投资者认为不是总结性信息，并且公司没有提示读者应该去哪里找到更详细的信息，可能使投资者不一定能理解对这些信息合适的解读方式是将其放到其所总结的信息的语境中去解读。从而，公司在使用总结性或概括性信息时，应该采取措施，提醒读者，这些信息的进一步的细节或基础性信息在哪里可以找到。当以总结形式或作为概述的一部分展示信息时，公司应该注意这些信息的展示语境。公司可以考虑使用如下方法，强调总结性信息的性质：使用合适的标题、增加解释语句、使用超链接以及使用分层次、分条目的形式等。

（4）网站交互特征。SEC 注意到公司越来越多地在网站上应用最新的交互技术与利益相关者、顾客、分销商和投资者等进行沟通，包括利用博客（Blogs）和电子股东论坛等。由于所有由公司或者代表公司进行的沟通都需要遵守联邦证券法律反欺诈条款的规定，公司需要考虑采取措施，建立控制程序以监控这些沟通。电子股东论坛、公司发起的博客，包括 CEO 的博客和投资者关系博客等，成为公司网站的补充。SEC 对这些交互技术的运用持赞许态度，并希望推进其发展，使其成为公司与不同的市场主体之间保持对话的重要方式。SEC 对于交互技术的运用提出了如下指引：联邦证券法律的反欺诈条款适用于博客和电子股东论坛；公司不得要求投资者以免除证券法律下的保护作为参与或进入博客或论坛的条件。公司对于第三方张贴在公司发起的网站上的言论不负有法律责任，同时，公司也没有义务对第三方做出的错误论断做出反应或进行更正。但公司对于其自己（代表公司的主体）在博客或论坛上的言论负有法律责任。

4.2.1.3.4 披露控制和程序

交易法中关于披露控制和程序的管理层保证规则同样适用于在公司网站上张贴信息。根据这些规则，公司的执行负责人和财务负责人必须保证他们对建立与保持披露控制和程序负责。这些控制和程序用以确保他们对有关公司的重大信息知情，他们在报告期末对披露控制和程序的有效性进行了评估，并在公司当期的定期报告中披露了他们对这些控制和程序的总结。

如前所述，SEC 制定了规则允许公司通过在自己的网站上张贴信息来满足交易法下的披露义务，并替代向 SEC 提交报告的形式。如果公司选择了在网站上张贴信息来完成披露义务，披露控制和程序就会适用于这些网站信息，因为这些信息是交易法要求公司披露的信息。未在公司网站上进行这些披露意味着未完整履行交易法的报告要求。

另外，披露控制和程序不适用于公司网站上的非交易法报告信息。但这些信息适用于反欺诈条款，同时公司需要注意这些披露是否遵从了《公平披露规则》，证券法和联邦代理投票规则等。

4.2.1.3.5 信息的格式和可读性

网络信息正在变得越来越互动化，而不是静态化。一些浏览界面或演示，特别是用来做互动查看而不是用以在这个电子环境之外阅读的内容，有时不能被打印，但是并不影响其可读性。SEC 不认为公司网站上的信息必须满足打印友好标准，除非是有相关规则明确作出了要求。例如，SEC 要求由网络途径张贴的代理投票资料必须采用"既便于阅读又便于打印到纸张上的格式"。而公司网站上的所有其他信息则不必以与纸质信息具有可比性的格式呈现。

4.2.1.3.6 2008 年《公司网站使用指引》的意义总结

从前述 2008 年《公司网站使用指引》的内容可以看出，SEC 意在引导证券规制向网络时代全面进化，从而在以下三个方面作出了务实且兼具前瞻眼光的法律引导：

1）将以往法律法规中与网络信息披露和投资者关系活动相关的法规条文进行了全面的梳理，使公司对如何使用网站有了总体的概念。

2）全面肯定了公司网站在发布重大信息方面的重要法律地位，规定满足一定条件下，公司网站可以作为公开发布重大非公开信息的首选和唯一渠道。这个规定为上市公司以低成本、即时方式与投资者开展全面深入沟通大开了方便之门。

3）对网络环境下如何适用证券法律相关条款作出了比较详细的解释，所涉及的法律条文包括《证券法》《证券交易法》《公平披露规则》《萨班斯-奥克斯利法案》等，而相关解释覆盖了网络与纸媒相比可能出现的一些新特征，例如超链接信息、交互信息、早前张贴的信息等。这些解释既对公司网站信息发布的规范性设定了边界，又解除了公司在使用网络先进工具方面的一些疑虑，对推动公司使用网站和网络新兴工具开展投资者关系活动起到了极大的促进作用。

这些规章条文发布后，网络投资者关系在美国取得了极大进步。包括 e-Bay 和 Emulex 等一些公司都声明使用公司网站作为《公平披露规则》下的选择性披露信息的公开披露渠道，很多公司网站上投资者关系板块的内容都发展得更加丰富、全面、即时。

4.2.2 中国关于上市公司使用网站开展投资者关系活动的规制条文

中国证券市场虽然起步较晚，但是中国证监会显然也注意到了互联网带给投资者关系的积极意义。总体上看，到目前为止，证监会一直在积极推动上市公司在指定网站上的信息披露。《中华人民共和国证券法》第 70 条规定，依法必须披露的信息，应当在国务院证券监督管理机构指定的媒体上发布，同时将其置备于公司住所、证券交易所，以供社会公众查阅。根据证监会热线电话咨询结果，目前对于主板上市公司，证监会指定的信息披露媒体为六家指定报刊和三家指定网站。① 三家指定网站为上海证券交易所网站、深圳证券交易所网站和巨潮信息网cninfo. com. cn。

针对指定网站的信息发布政策，证监会在多个文件里进行了重复强调。例如，2003 年 6 月证监会发布《公开发行证券的公司信息披露内容与格式准则第 3 号——半年度报告的内容与格式（2003 年修订）》，② 其中第十一条规定：

公司应当在每个会计年度上半年结束之日起两个月内编制半年度报告，并在该期限内将报告全文刊登于中国证监会指定的互联网网站，将半年度报告摘要刊登于至少一种中国证监会指定的报纸上。在指定报纸上刊登的半年度报告摘要最小字号应为标准六号字，最小行距为 0. 02。

公司可以将半年度报告发布于公司自己的网站上，或者发布于其他互联网网站及报刊上，但不得早于在中国证监会指定的互联网网站或报刊上披露的时间。

该准则中特别提到了公司网站，可见当时证监会对公司使用自己的网站发布信息持一定的鼓励态度。

该准则经过 2007 年和 2013 年两次修改，至 2013 年，相关条款修改为第九条，③ 其中规定：公司应当在每个会计年度上半年度结束之日起 2 个月内将半年度报告全文刊登在中国证监会指定网站上；同时将半年度报告摘要刊登在至少一种中国证监会指定报纸上，刊登篇幅原则上不超过报纸的 1/4 版面，也可以刊登在中国证监会指定网站上。公司可以将半年度报告刊登在其他媒体上，但不得早于在中国证监会指定媒体披露的时间。

---

① The author got the information from CSRC official hotline 010-12386 on July 10, 2014.

② 中国证监会. 公开发行证券的公司信息披露内容与格式准则第 3 号——半年度报告的内容与格式（2003 年修订）[EB/OL]. [2014-08-27]. http://www. sse. com. cn/lawandrules/regulations/disclosure/c/c_20120918_49506. shtml#0.

③ 中国证监会. 公开发行证券的公司信息披露内容与格式准则第 3 号——半年度报告的内容与格式（2013 年修订）[EB/OL]. [2014-07-10]. http://www. gov. cn/gongbao/content/2013/content_2449507. htm.

修改后的条款中，原有关于公司网站的表述被去掉了。有关年报①、季报格式规则等的相关条款中，对网站使用的描述基本相同，都是"不得早于指定网站"。

2005 年证监会发布的《上市公司与投资者关系工作指引》② 中的与网络投资者关系相关的规定如下：

第八条　根据法律、法规和证券监管部门、证券交易所规定应进行披露的信息必须于第一时间在公司信息披露指定报纸和指定网站公布。

第九条　公司在其他公共传媒披露的信息不得先于指定报纸和指定网站，不得以新闻发布或答记者问等其他形式代替公司公告。

第十条　公司应充分重视网络沟通平台建设，可在公司网站开设投资者关系专栏，通过电子信箱或论坛接受投资者提出的问题和建议，并及时答复。

第十一条　公司应丰富和及时更新公司网站的内容，可将新闻发布、公司概况、经营产品或服务情况、法定信息披露资料、投资者关系联系方法、专题文章、行政人员演说、股票行情等投资者关心的相关信息放置于公司网站。

第十二条　公司应设立专门的投资者咨询电话和传真，咨询电话由熟悉情况的专人负责，保证在工作时间线路畅通、认真接听。咨询电话号码如有变更应尽快公布。

公司可利用网络等现代通信工具定期或不定期开展有利于改善投资者关系的交流活动。

在这个指引中，我们可以看到，除了强调了指定网站制度，证监会特别对上市公司利用自己的网站开展投资者关系活动进行了内容指引，表明了一定的鼓励态度。

----

① 中国证监会. 公开发行证券的公司信息披露内容与格式准则第 2 号（2012 年修订）[EB/OL].［2014-07-10］. http：//www.csrc.gov.cn/pub/newsite/flb/flfg/bmgf/xxpl/xxplnr/201310/t20131017_236414.html.

② 证监会. 上市公司与投资者关系工作指引［EB/OL］.［2014-07-10］. http：//www.csrc.gov.cn/pub/newsite/flb/flfg/bmgf/ssgs/gszl/201012/t20101231_189739.html.

2007 年，证监会发布了《上市公司信息披露管理办法》①，其中关于网络信息披露的相关规定如下：

第六条，上市公司及其他信息披露义务人依法披露信息，应当将公告文稿和相关备查文件报送证券交易所登记，并在中国证券监督管理委员会（以下简称中国证监会）指定的媒体发布。信息披露义务人在公司网站及其他媒体发布信息的时间不得先于指定媒体，不得以新闻发布或者答记者问等任何形式代替应当履行的报告、公告义务，不得以定期报告形式代替应当履行的临时报告义务。

第七十一条（四），指定媒体，是指中国证监会指定的报刊和网站。

在这个信息披露管理办法中可以看到，证监会再次强调了上市公司在公司网站上发布信息不得先于指定媒体，同时明确告知上市公司不得使用其他形式来代替应当履行的报告、公告义务。

对于创业板企业，为了降低信息披露成本，证监会改变了以往针对主板上市公司规定的指定报刊披露，转而规定创业板公司不需要在指定报刊上进行信息披露，只要在指定网站上披露信息即可，而且指定网站的信息披露是免费的。2009 年 9 月，中国证监会批复巨潮资讯网、中证网、中国证券网、证券时报网、中国资本证券网等 5 家网站为创业板信息披露指定网站。② 这些指定网站将为创业板上市公司法定信息披露提供专门平台，免费登载所有创业板上市公司招股说明书、上市公告、临时公告、定期报告以及证监会、深交所发布的相关政策法规等有关信息。投资者可通过指定网站，免费、方便地获取创业板上市公司法定披露信息和其他市场信息。

创业板信息披露制度的改革，实质上极大提高了电子媒介在信息披露中的地位，大大降低了创业板公司信息披露的成本。

---

① 中国证监会. 上市公司信息披露管理办法 ［EB/OL］. ［2014-07-10］. http：//www.csrc. gov. cn/pub/zjhpublic/zjh/200804/t20080418_14481. htm.

② 新华网. 证监会明确创业板信息披露指定网站 ［EB/OL］. ［2014-07-10］. http：//news. xinhua-net. com/fortune/2009-09/20/content_12085871. htm.

4.2.3 中美网络投资者关系规制条文比较

比较美国联邦法律和 SEC 相关规制与中国相关规制条文，可以发现如下的异同点：

（1）两者都建立了信息发布的指定网站制度，不同的是，美国证监会指定信息披露网站为证监会自己规划、创建和维护监管的 EDGAR 系统，而中国证监会指定的证交所网站和第三方网站。美国这种指定网站制度，使得信息使用者可以依赖 EDGAR 系统获取自己所需要的在美国不同证交所上市的上市公司的信息。中国证监会这种指定网站制度，上市公司的信息因上市交易所的不同和公司指定信息发布网站的不同而不同，信息使用者需要到不同的网站上去获取不同上市公司的信息。美国这种做法潜在的问题是，政府包揽了信息收集、维护和提供检索服务，增加了政府的运行成本。

（2）两者都对上市公司在自己网站上开展投资者关系持鼓励态度，但是中国证监会对于使用公司网站限定了比较强的条件，就是严格规定上市公司在自己网站上发布应发布信息不得先于证监会指定网站。针对不同类型的信息设定了不同的条件，对于某些应发布的信息，美国证监会允许公司使用 EDGAR 系统之外的信息发布平台作为信息发布渠道，例如将上市公司网站作为信息发布渠道。当然这样是有一定前提的，就是投资者已被广泛告知公司会将公司网站作为信息公开渠道，而且投资者也已经明晰这一点。由于中国证监会强调在公司网站上发布的信息不得先于指定媒体，作为投资者很难将对上市公司信息的注意力从指定媒体转移到公司网站上来，从而在实际上影响了上市公司在网站上开展投资者关系活动的积极性。

（3）关于使用网络渠道发布信息的方式，中国证监会规定得比较严格，而美国证监会则规定得比较宽泛灵活。美国证监会允许在满足一定条件的情况下，以电话会议、视频会议等方式发布重大未公开信息，而中国证监会的规定是，必须以在指定媒体上发布公告或报告的方式发布重大未公开信息，不得以电话会议、答记者会等方式进行信息发布，在其他媒体和渠道发布的信息或者以其他方

式发布的信息，不得多于指定媒体上发布的公告和报告中的信息。针对在网站上
开展投资者关系活动的问题，由于上市公司在其公司网站上发布的信息是否多于
在指定媒体上发布的信息和先于指定媒体具有很大的顾虑，保守的上市公司宁可
不在自己网站上与投资者进行信息交流，或者仅仅转发公告信息，从而使上市公
司网站上的投资者关系功能在很大程度上被限制。美国做法的问题是，投资者会
面对更大的信息甄别和获取成本，因为其面对的信息发布渠道更多。中国做法的
问题是，上市公司公开与分析师或记者的交流情况的意愿非常低，以避免触发监
管条款，但私下的交流盛行。

（4）美国的安全港制度，针对非故意泄露重大信息情况的补救规定，显得
更加现实，使得投资者关系工作的开展可以比较积极。例如发布一些前瞻性信
息，或在深入交流中披露一些信息。但是也会存在潜在的漏洞，即上市公司故意
采用这个方法，进行选择性披露。

（5）美国早已放弃强制上市公司通过纸质传媒发布法定应发布信息的做法，
而我国针对主板上市公司一直强调在指定报刊上发布报告和公告。这是因为中国
有广大的中老年投资者或信息手段不发达地区的投资者，可能不能适应仅仅通过
网络获取信息。

4.3　关于上市公司使用社交媒体开展
投资者关系的规制

4.3.1　美国证监会相关规制

2013 年，SEC 注意到自从 2008 年发布了《公司网站使用指引》后，公司使

用社交媒体与股东和市场进行沟通呈现出快速增长的趋势。① 为了澄清有关使用社交媒体方面的政策，2013 年 4 月 2 日，SEC 发布了一份调查报告。调查报告是 SEC 针对美国网飞公司（Netflix）的首席执行官里德·哈斯汀于 2012 年 7 月 3 日在其个人脸谱网页上发布敏感信息的事件所发起的调查的结案报告。哈斯汀在其个人主页上声称网飞公司在 6 月份历史性地达到了 10 亿小时内容浏览流量（比半年前增加了 50%）。网飞公司之前没有在其他任何渠道公开过该信息。网飞公司的股票价格在该信息发布出来时为 70.45 美元，在第二个交易日收盘时达到了 81.72 美元。这引起了 SEC 的注意，并引发了 SEC 对网飞公司发起调查。网飞公司此前一直引导公众通过公司的脸谱网页、博客、推特推送和公司网站获取网飞公司的信息。

事件过去将近 9 个月后，SEC 发布了调查报告。调查报告宣布 SEC 不会就该事件对哈斯汀或网飞公司采取惩罚措施，但强调：第一，发行人利用社交媒体渠道开展信息沟通应该仔细审视自己是否遵守了《公平披露规则》的规定；第二，2008 年《公司网站使用指引》中的规定，尤其是有关"投资大众应该事先被告知公司将用来发布重大信息的渠道"的规定，同样适用于公司使用社交媒体进行信息披露的情况。

报告同时解释说，SEC 发布这个调查报告并不是为了禁止公司使用发展中的社交媒体进行信息沟通，SEC 认为在当今的市场信息沟通中，社交媒体具有积极的价值和作用，SEC 支持公司寻求使用与股东和市场进行沟通交流的新途径。

4.3.2　中国证监会相关规制

社交媒体在中国发展迅速，很多上市公司的高管、董事和股东等，具有经过社交媒体运营主体实名认证的社交媒体账号。引起市场质疑的社交媒体账号信息披露时有发生。

---

① SEC. Report of Investigation Pursuant to Section 21（a）of the Securities Exchange Act of 1934：Netflix, Inc., and Reed Hastings［EB/OL］.［2014-07-14］. http：//www.sec.gov/litigation/investreport/34-69279. pdf.

为了引导与规范在各类社交媒体上发布上市公司相关信息的行为，中国证监会 2013 年 6 月以新闻发布的形式，[①] 发布了如下内容：

微博、微信等社交媒体具有传播快、范围广、影响大的特点，已经成为传播上市公司信息的重要途径。社交媒体在发挥积极作用的同时，也伴生发布上市公司未公开信息、传播谣言等违规现象。当前，我会对社交媒体信息发布监管重点为规范发布信息的行为，引导上市公司提升对社交媒体的应对能力，营造有利于上市公司健康发展的信息环境，保障投资者公平获取信息。

首先，社交媒体发布上市公司相关信息应遵守证券法律法规的规定。《证券法》《上市公司信息披露管理办法》对社交媒体信息发布行为主要涉及三项禁止性规定：第一，信息披露义务人在公司网站及其他媒体发布信息的时间不得先于指定媒体，不得以新闻发布或者答记者问等任何形式替代应当履行的报告、公告义务。第二，在内幕信息依法披露前，任何知情人不得公开或者泄露该信息。第三，各种传播媒介传播证券市场信息必须真实、客观，禁止误导。任何机构和个人不得提供、传播虚假或者误导投资者的上市公司信息。中国证监会及证券交易所依法对社交媒体信息发布行为进行监督。社交媒体发布、传播上市公司未公开信息导致股价异常波动的，证券交易所将依法核查是否涉嫌内幕交易或操纵市场，是否存在通过融资融券交易、股指期货交易等做空工具进行跨市场套利等情形。任何机构和个人利用社交媒体实施内幕交易、操纵市场、证券欺诈等违法违规行为的，中国证监会将依法予以查处。

其次，上市公司应积极应对社交媒体的发展。上市公司应当完善内部管理机制和责任追究机制，加强对公司网站、官方微博以及公司董监高人员等内部人员的认证微博或其他社交媒体的归口管理，从源头上减少违规行为的发生。上市公司董监高等内幕信息知情人应当将其实名微博及有关变更等情况及时向公司备案。对于上市公司之外的社交媒体信息，上市公司的管理落脚点在于及时发现、快速澄清。社交媒体信息造成公司股价异动时，公司首先要核查公司及控股股东、实际控制人有无应当披露未披露的信息，切实履行信息披露义务；必要时可

---

① 证监会. 2013 年 6 月 21 日新闻发布会［EB/OL］. (2013-06-21)［2014-07-14］. http://www.csrc.gov.cn/pub/newsite/zjhxwfb/xwfbh/201306/t20130621_229568.html.

申请停牌，快速澄清质疑；积极配合地方政府及相关主管部门进行事件查处工作；采取有效措施做好公司内部稳定工作，保证公司生产经营正常运行。

我会始终关注社交媒体的发展，积极评估其对上市公司信息披露的影响。下一步，我会将进一步研究完善信息披露规则，适应社交媒体的发展趋势，充分发挥其对上市公司信息披露的积极作用，强化对社交媒体信息发布行为的监管。

从上述两国发布的规制可以看出，两国证监会在上市公司使用社交媒体的政策上存在明显的差异。在美国，满足一定的条件下，SEC 允许公司将社交媒体作为发布非公开重大信息的首发（及/或唯一）渠道，但是在中国，这是不允许的。按中国证监会的政策，上市公司发布非公开重大信息，必须在证监会指定的报刊或网站上，社交媒体上的发布不得早于指定媒体。

4.4 结论与建议

为了系统地比较中美两国在网络投资者关系方面的规制，本研究对相关规制的历史发展和条文进行了分析和比较（见表 4-1）。通过比较发现，美国在网络投资者关系规制方面起步比较早，并对将新兴网络技术应用于网络投资者中持开放和鼓励的态度，同时积极出台相应的规制条文，以规范网络投资者关系活动。中国也采取了一些措施，表明了积极推动网络投资者关系发展的态度，但是设定了一条底线，即指定报刊和指定网站制度，相对于美国来说比较审慎保守。中国资本市场发展历史还不长，投资者教育和上市公司教育都还任重道远，采取审慎保守的政策是必要的。

表 4-1 中美两国关于上市公司网络投资者关系的规制对比

规制内容	中国规制	美国规制
是否可以放弃纸质传媒的信息发布	主板上市公司不可以，创业板可以	可以电子版文件进行法定文件递交和发布

续表

规制内容	中国规制	美国规制
是否允许以上市公司网站作为非公开重大信息公开发布的唯一渠道	不允许	在满足《公平披露规则》关于公开发布的条件下可以，公司网站是否满足这些条件的判定责任由公司自负
证券法律指定的信息发布网络平台	交易所网站和某些第三方网站	SEC 的 EDGAR 平台和公司自己的网站或社交媒体账号等
是否允许非公开重大信息在业绩发布会、网络交流、分析师会议等投资者关系活动中进行初次公开发布	不允许，必须首先在证监会指定媒体上发布	满足联邦证券法律相关要求的条件下允许
是否有专门针对公司网站、社交媒体等网络投资者关系渠道使用的相关规制	无	有，并针对网络信息发布的一些特有性能如交互信息、第三方链接信息、公司或高管的社交媒体账号等的法律责任做出了法律指引

　　美国 1996 年颁布的《全国证券市场改进法》规定，证券交易委员会在制定具体规则或审查自律组织的规则时，应考虑该规则是否"将会提高效率、促进竞争及资本形成"①。网络的普及和各种新兴网络技术的发展，使得投资者越来越依赖于网络以高效地获取信息及同上市公司进行交流沟通。公司网站和其他网络技术，能够降低披露成本，使信息披露形式多样化，信息更加丰富，对上市公司和投资者都是有益的，从而对推动资本市场发展也是非常有益的。随着信息技术的发展，可以预见将会有更多新的信息沟通方式出现。这些信息沟通方式在提高互动性、用户友好性的同时，其对信息的存储空间的需求会急速膨胀，对信息存储的安全性和稳定性的要求也非常高。如此大规模的信息，集中上传和存放在少数几个指定网站上，供广大投资者使用，给指定网站和用户使用都会带来巨大的挑战。而分布存放在上市公司网站上，信息的扩充能力则大大增强。所以，从长远来看，仅指定少数媒体作为信息的权威发布途径，对提高资本市场的信息公开和提高效率、促进竞争，是不利的。证券市场中的交易活动，在很大程度上是一个以信息为基础的博弈活动，在信息的传播途径中，发行证券的股份有限公司通

---

① 罗思，塞里格曼．美国证券监管法基础 [M]．北京：法律出版社，2008.

常是信息的制造者，或称信息源。① 从信息的源头，通过公司网站等的发布方式建立起处于监管之下、承担明确法律责任的、权威的发布途径，是一个可供思考的提高网络投资者关系的重要方向。

网络投资者关系的发展显然是一个不可逆转的历史潮流，如何顺应潮流，积极推动中国资本市场在这方面的发展，从中美的规制比较出发，建议在现有的指定媒体信息发布框架下，积极推动和鼓励上市公司使用公司网站和社交媒体等新兴网络技术开展网络投资者关系活动，同时培养投资者通过网络获取信息的习惯。例如：

（1）鼓励上市公司在其官网的投资者关系栏目下，张贴其定期报告和临时公告，披露公司治理相关文件并实时更新；并逐渐将这个政策的强制性提高。

（2）鼓励上市公司利用网络渠道，开展一些互动性较强、实时性较强的投资者关系活动。

（3）从政府监管引导、上市公司披露行为引导和投资者教育引导多个角度，逐步树立上市公司网站和社交媒体账号等进行上市公司信息发布的权威性并培养受众的广泛性。

（4）针对网络投资者关心较强互动性可能造成的非计划性重大信息突发披露的情况，明确补救补充披露的规则。

（5）鼓励引导上市公司将分析师会面、外部会议演讲等的音频、视频和文字笔录等信息发布在自己的网站上，提高上市公司信息发布的公平性，改善中小投资者的信息不对称情况，并将这些政策的强制性逐步提高。

（6）如果公司的网站满足具有足够的稳定性和安全性的条件，可以将公司网站作为《证券法》中的第70条所规定的法定文件的存放虚拟地点。

（7）参考SEC的上市公司网站使用指引，出台我国的相应指引，按照法定文件的不同性质和上市公司的不同性质，将公司网站作为指定传媒之外的独立信息发布渠道、补充发布渠道或替代发布渠道。

（8）设定过渡期限，最终使得电子文件具有可替代纸媒文件的法律地位。

---

① 李东方. 证券法学 [M]. 北京：中国政法大学出版社，2007.

本研究出于推动中国网络投资者关系发展的目的,对两国相关规制的条文进行了比较分析。后续可以针对网络信息发布受众的广泛性和投资者的可接受程度进行深入调研和评估,进一步探究规制中的监管部门执法和证交所的规则条文及执行措施等,使上市公司网络投资者关系方面的研究更加完善和深入。

4.5 本研究后续动态追踪

本章4.1~4.5成文于2018年之前。2019年,中国证券法得到了修订。本章前述研究中提出的有关重大重要信息的发布渠道和自愿信息披露的问题,在新证券法中均有修改。其中对信息披露和投资者保护新设两章内容进行专章规定,说明了本次证券法的修改重点之一是关注证券法领域的信息披露和投资者的保护,这也是证券市场能够平稳发展的重要内容。

新《证券法》规定,控股股东、实际控制人、董事、监事、高管有权自愿披露与投资者价值判断和投资决策有关信息并公开承诺。要求信息披露义务人披露的信息应同时向所有投资者披露,不得提前单独向任何单位和个人泄露。任何单位和个人不得非法要求信息披露义务人提供依法需披露但尚未披露的信息。任何单位和个人提前获知的前述信息,在披露前应保密。

2022年,中国证监会对《上市公司与投资者关系工作指引》(证监公司字〔2005〕52号)进行了修订,形成了2022年版的《上市公司投资者关系管理工作指引》。其中,适应互联网、新媒体等新时代发展形势,在电话、传真等投资者关系管理传统沟通渠道基础上,新增网站、新媒体平台、投资者教育基地等新兴渠道。

未来研究可就新证券法和新投资者关系工作指引发布后,网络投资者关系规制的具体变化和落实情况继续做进一步的研究。

参考文献

［1］Amir A，Lymer A.（2003）. Developments in Internet Financial Reporting：Review and Analysis across Five Developed Countries ［J］. The International Journal of Digital Accounting Research，2003，3（6）：165-199.

［2］Jung M J，Miller G S，Bushee B J. Do Investors Benefit from Selective Access to Management? ［EB/OL］.［2011-12-30］. http：//www. sec. gov/divisions/riskfin/seminar/bushee110812. pdf.

［3］Dunn G. NIRI Webinar：Social Media and SEC ［R］. 2013.

［4］James M，Ian C. What Every Director Should Know About Investor Relations ［J］. International Journal of Disclosure & Government，2006，3（1）：59-69.

［5］Michael E，John G. Timelines of Investor Relations Data at Corporate Web Sites ［J］. Communications of the ACM，2005，48（1）：95-100.

［6］Tobias K，Andreas K. Investor Relations for Start-ups：An Analysis of Venture Capital Investors' Communicative Needs ［J］. International Journal of Technology Management，2006，34（1/2）：47-62.

［7］Lymer A. Corporate reporting and the Internet-a survey and commentary on the use of the WWW in corporate reporting in the UK and Finland ［R］. 1997.

［8］Laskin A V. A Descriptive Account of the Investor Relations Profession A National Study ［J］. Journal of Business Communication，2009，46（2）：208-233.

［9］冯果，等. 网上证券交易法律监管问题研究 ［M］. 北京：人民出版社，2011.

［10］冯彦杰，徐波. 上市公司网络投资者关系比较研究 ［J］. 证券市场导报，2014（1）：33-39.

［11］刘俊海. 打造投资者友好型证券法推动资本市场治理现代化 ［J］. 法学论坛，2015（4）：5-20.

［12］沈伯平. 管制、规制与监管：一个文献综述 ［J］. 改革，2005（5）：

116-120.

[13] 武俊桥. 证券信息网络披露监管法律制度研究 [D]. 武汉：武汉大学博士学位论文，2010.

[14] 中国证券监督管理委员会. 上市公司与投资者关系工作指引 [EB/OL]. (2005-07-11) [2014-07-20]. http：//www. csrc. gov. cn/n575458/n776436/n804965/n806153/2034248. html.

[15] 朱明，谭芝灵. 西方政府规制理论综述：兼谈金融危机下我国规制改革建议 [J]. 华东经济管理，2010，24 (10)：134-137.

第5章 投资者关系活动与
上市公司股票市场表现[*]

5.1 引言

随着证券市场的发展，上市公司投资者关系得到了越来越多的重视。研究发现，中国、美国等资本市场的上市公司普遍设立了专门的投资者关系职能部门或人员（冯彦杰、许波，2014）。上市公司投资者关系职能普遍设立后，如何评价投资者关系工作的绩效，基于绩效目标应该如何开展投资者关系活动，对上市公司和投资者关系从业者来说，都是非常重要的问题。

监管机构、行业组织、学术界和投资者关系从业者等都认为上市公司证券在资本市场上的表现是投资者关系工作的重要目标，从而使资本市场表现成为了评价投资者关系工作绩效的重要指标。美国投资者关系协会（NIRI）指出投资者关系管理的战略目标是使企业的证券在公开市场上实现公平价值（NIRI，2003）。很多投资者关系的相关研究以股票流动性、股价表现、公司市场价值等上市公司证券的资本市场表现相关指标来衡量上市公司投资者关系的绩效和质量（Hong and Huang，2005；陈石清、王凤翔，2011；Vlittis and Charitou，2012；Kirk and

---

　＊ 感谢对本章研究作出重大贡献的同学：陈敏（1991–），女，安徽人，硕士，研究方向：公司金融。尤奔（1995–）男，安徽宿州人，硕士，研究方向：数据科学与管理决策。

Vincent，2014）。中国证监会对投资者关系的定义（中国证监会，2005）是：
"投资者关系工作是指公司通过信息披露与交流，加强与投资者及潜在投资者之间的沟通，增进投资者对公司的了解和认同，提升公司治理水平，以实现公司整体利益最大化和保护投资者合法权益的重要工作。"一项面向投资者关系从业人员的调查表明，从业人员认为他们可以从四个方面服务于企业的利益，即公平的股价、改善股票的流动性、增加关注本公司的分析师的数量、建立和维持投资者关系。这些都跟上市公司资本市场表现密切相关。

上市公司投资者关系工作的内容和形式是多种多样的，投资者关系活动被普遍认为是投资者关系工作的重要形式，甚至是最重要的形式。NIRI 的公司披露工作排名数据库中将投资者关系工作内容分为三种类型：年报披露，主要是年报、10K 文件等；中报披露，主要是半年报、10Q 等；投资者关系活动，指面对面交流和会议等。许多有关投资者关系效果的研究引用了这种分类方法（Bushee and Noe，2000；Botosan and Plumlee，2002）。Marston（2008）针对英国大公司进行的一项调查的结果表明，一对一会议被英国的投资者关系从业者认为是最重要的投资者关系工作内容。Laskin（2009）面向财富 500 强公司的首席投资者关系官调查了投资者关系日常工作的主要内容，其中路演、参加外部大型会议、接待投资者来访和一对一会议等投资者关系活动被列为费时间最多的投资者关系工作内容。投资者关系活动如此重要，以至于很多投资者关系负责人和经理人员的绩效评价指标是投资者接待、路演和会议等投资者关系活动的数量和质量（VMA Group，2013）。

上市公司开展投资者关系活动主要有线上和线下两种渠道（Bollen et al.，2006；Liu et al.，2008；冯彦杰、徐波，2014）。随着互联网的发展，上市公司开始利用网络开展投资者关系活动，例如有些上市公司在公司官网或第三方平台上开设投资者问答栏目、进行路演、视频直播高管人员参加投资者大会的演讲等（Feng and Wan，2013）。由于投资者关系规制的差异（冯彦杰，2017），在美国上市的公司，网络投资者关系活动更多是通过公司网站和 TWITTER、FACE-BOOK 等渠道开展，而在中国上市的公司开展网络投资者关系活动更多是在深交所互动易、上交所 e 互动平台上（颜慧，2014）。线下渠道的投资者关系活动主要是指上市公司与投资者、其他市场参与者进行面对面的沟通与交流，活动形式包括组织投资者到公司进行现场参观、召开业绩说明会、一对一分析师会议、一对多分析师会议、新闻发布会等多种形式。

现有的关于投资者关系与上市公司证券市场表现之间的关系研究中，大多数是以投资者关系工作总体评价作为研究中的自变量。对投资者关系的总体评价，往往以各种综合的代理评价指标作为对投资者关系工作的评价变量，例如是否聘用了投资者关系方面的咨询公司，是否聘用了新的投资者关系官或成立了专职的投资者关系部门（Bushee and Miller，2005；Vlittis and CHaritou，2012；Kirk and Vincent，2014）、在 NIRI 和深交所等机构中获得的信息披露质量的排名（Bushee and Noe，2000；张婉君，2007；蔡传里、许家林，2010）以及研究者构建的综合评价指标体系（李心丹等，2007；杨德明等，2007；赵颖，2010）等。之后随着网络投资者关系的发展，网络投资者关系数据公开并留存在互联网上，数据比较容易获得，有关网络投资者关系对上市公司证券在资本市场上的表现的研究逐步丰富起来。这些研究对于了解和评估投资者关系工作的整体意义是很有帮助的，但是对于上市公司来说，由于投资者关系工作的主要精力是放在线下投资者关系活动上，各种形式的线下投资者关系活动对于公司在资本市场上的表现究竟有什么影响，对于上市公司最优化地开展投资者关系活动具有更直接的指导意义。

关于各种细分形式的线下投资者关系活动及形式与上市公司证券市场表现之间的关系研究并不多见，针对中国上市公司的研究更是很少见到。Marston（2008）针对英国公司的问卷调查和实证研究发现，召开上市公司和分析师一对一会议较多的公司，机构投资者的数量更多，跟踪分析师数量更多，市净率也更高。Bushee 等（2003）对上市公司召开开放式电话会议的情况进行了研究，发现开放式电话会议期间，公司股价的波动比较大，而且交易小单数量增多。Bushee 等（2011）对公司召开的公共投资者关系会议的要素进行了分析，发现会议的发起人、规模、地点和行业主题等因素在短期内与会议期间的股价平均超额收益和成交量显著相关，而从长期来看还会影响追随的机构投资者和分析师数量。肖斌卿等（2017）对证券分析师对上市公司开展实地调研后发布的调研报告对投资者决策的影响进行了研究，发现调研报告对投资行为和投资收益都有显著的影响。

造成中国上市公司线下投资者关系活动的研究较少的可能原因之一是数据难以获得。传统上，中国上市公司很少详细披露开展线下投资者关系活动的情况。这种披露很少的情况也使得广大的中小投资者面临着比机构投资者更大程度的信息不对称问题。为了让广大投资者，尤其是中小投资者享有更充分的知情权，深交所于 2012 年开辟了上市公司投资者关系活动披露栏目，供上市公司披露线下投资者关系活动的日程、交流内容、参与人员等。该平台的建立也为研究我国上市公司线下投资者关系活动提供了重要的数据来源，有助于丰富和完善我国在该领域的研究成果。研究各种不同类型、规模和内容的投资者关系活动的开展对上市公司在资本市场上短期和长期的表现究竟有何影响，对于上市公司如何更有效地开展线下投资者关系活动有着很现实的指导意义。

本研究利用深交所的互动易平台上的上市公司披露的线下投资者关系活动记录表作为主要的数据来源，实证分析线下投资者关系活动的要素在短期对公司在股票市场上的表现的影响，以及长期对公司价值的影响。研究的主要问题包括：

（1）线下投资者关系活动的类型是否能够显著影响股票市场表现？

（2）线下投资者关系活动的规模是否能够显著影响股票市场表现？

（3）线下投资者关系活动的参与人员构成是否能够显著影响股票市场表现？

（4）线下投资者关系活动中披露的信息量是否能够影响股票市场表现？

（5）线下投资者关系活动中披露的信息类型的不同是否能够影响股票市场表现？

（6）线下投资者关系活动能否在长期影响公司价值？

本研究的主要贡献是：①线下投资者关系活动对于上市公司股票市场表现的影响，以往国内文献研究非常少，从而对于各种类型和方式的线下投资者关系活动的绩效缺乏效果评价。本研究从线下投资者关系活动的形式和内容等方面出发，实证评价线下投资者关系活动对上市公司股票市场表现的影响，能够从微观层面上对国内上市公司开展投资者关系活动提出具体的参考意见。②线下投资者关系活动绩效研究的国外文献主要以电话会议、大型公共投资者关系会议为研究对象，但是对线下投资者关系活动最常见的形式——特定对象来访等一对一或一对多现场会议等活动缺乏研究，对于这些活动的各种特征如活动类型、活动规模、知名机构投资者参与数、互动问题数、互动问题类型等对上市公司股票市场表现的影响的研究更是少见。本章对这些特征加以研究，同时还考虑到线上披露的特点，将信息披露的详细程度纳入研究内容，将线下与线上的研究相结合，从而完善了该领域的研究成果。

5.2 研究假设

Francis 等（1997）和 Bushee 等（2003；2011）发现，上市公司电话会议和公共投资者关系会议召开前后，股票收益率会产生显著的波动。在这些会议召开前后，上市公司股票出现显著超额平均正收益或超额平均负收益。Bushee 和 Noe（2000）在进一步分析了公共投资者关系会议的地点、规模、发起人和行业属性之后，发现这些因素能够显著影响到市场反应，主要体现在股票超额收益率和换手率等市场表现指标上。从深交所互动易栏目披露的上市公司《投资者关系活动记录表》来看，投资者关系活动被划分为接待特定对象调研、现场参观、分析师会议、业绩说明会、媒体采访和新闻发布会等几种类型。基于此本章提出：

假设 1：在短期内，线下投资者关系活动类型与上市公司市场表现显著相关

Merton（1987）认为，投资者的注意力是有限的，不可能了解资本市场所有股票信息。因此，在资本市场树立良好的品牌形象，最重要的是吸引投资者的关注，尤其是机构投资和分析师的追踪。上市公司通过开展投资者关系活动，吸引投资者和分析师的注意力，以提高公司的市场关注度。投资者关系活动的规模越大，则会吸引更多的分析师和机构投资者参与其中。所以，本章提出以下假设：

假设 2：短期内，线下投资者关系活动的规模与上市公司股票市场表现显著相关

在资本市场中，相较于一般的调研机构，权威性强、被市场认可的金融机构前往上市公司调研，会吸引更多的关注者，他们影响力较大，其观点和决策可能更容易被市场关注和认可，从而可能显著影响到上市公司股票市场表现。所以，本章提出以下假设：

假设 3：短期内，线下投资者关系活动人员构成情况与上市公司股票市场表现显著相关

Healy 等（1999）指出上市公司进行持续稳定的信息披露水平，有助于提高公司股票的流动性。巫生柱（2007）、蔡传里和许家林（2010）的研究表明，信息披露的数量会对上市公司的资本市场表现产生重要的影响。所以本章提出以下假设：

假设 4：在短期内，线下投资者关系活动中信息披露的数量与上市公司股票市场表现显著相关

马连福和赵颖（2007）认为投资者已不满足上市公司传统的财务信息披露，非财务信息对投资者投资决策的重要性日益显现。在投资者关系活动中，投资者向上市公司咨询越来越多的非财务信息，包括公司战略信息、公司治理信息等。Yoon 等（2015）发现公司治理与投资者关系呈显著的正相关关系，同时 Feng 和 Wan（2013）等发现公司治理信息是投资者关系所披露信息中的重要组成部分。所以，本章提出以下假设：

假设 5：在短期内，线下投资者关系中信息披露内容的类型与上市公司股票市场表现显著相关

以上假设主要针对投资者关系活动对股票市场表现的短期影响，即每次投资者关系活动召开之后，市场对其做出的快速反应。投资者关系活动作为投资者关系管理的主要渠道，其目的在于通过与投资者保持良好的投资者关系，最终实现公司价值的最大化（冯彦杰和徐波，2014）。因此，对投资者关系活动的研究还需要长期的角度来探讨对公司价值的影响。

IR 杂志 2012 年的调查发现，欧洲公司最常使用的一对一会议的数量作为评价投资者关系职能绩效的指标。投资者关系活动召开的频率越高，则投资者越有机会与上市公司进行互动沟通，对公司信息掌握得越加全面和及时，可能更有利于上市公司实现公司价值。因此本章提出以下假设：

假设 6：在长期内，投资者关系活动召开次数与上市公司价值呈正相关关系

有些公司并不喜欢开展高频次的线下投资者关系活动，以大规模的投资者关系活动取而代之，例如巴菲特领导的伯克希尔哈撒韦公司，其每年一度的业绩发布会是其主要的线下投资者关系活动，其参与人数及互动深度每次都表现出空前的盛况。大规模的投资者关系活动因其受众广、包含信息多的优势为投资者提供了更多了解上市公司的可能，因此大规模的投资者关系活动也可能会影响到投资者对公司的认识和了解，因此本章提出以下假设：

假设 7：在长期内，大规模投资者关系活动召开次数与上市公司价值呈正相关

李心丹等（2007）、Agarwal 等（2016）实证发现，投资者关系能够提升上市公司价值。杨德明等（2007）实证表明上市公司投资者关系对公司市场价值产生了显著的正向影响。Palter 等（2008）、冯彦杰等（2014）认为，并不是所有的投资者关系都可以促进上市公司获得公平市场价值，只有内在价值型投资者参与的投资者关系活动，才可以对公司公平价值的实现产生正向影响。而知名机构投资者是获得市场认可的机构投资者，他们的投资业绩往往在较长时间里获得过验证，他们有更大的可能性是内在价值投资者，为此本章提出以下假设：

假设 8：在长期内，线下投资者关系活动中知名机构投资者参与数与公司价值显著相关

5.3　研究设计

5.3.1　样本选择

深交所在 2012 年开辟了投资者关系活动披露平台，上市公司开展的投资者关系活动要以记录表的形式上传至该平台。本研究选取了深交所的所有房地产公司从 2014 年 1 月 1 日至 2015 年 6 月 30 日这一年半的时间内披露的所有投资者关系活动作为样本，共收集了 36 家上市公司 320 次投资者关系活动的数据，其他的金融数据均来自 wind 数据库和国泰安数据库。为保证数据的有效性，剔除了信息不完整的样本，共得到了 298 个有效样本。之所以选择房地产公司作为研究样本，原因有三：一是通过选取某一个行业的所有的上市公司，便于减少行业因素对样本的影响。Prithu 和 Ravi（2011）研究发现，投资者关系对公司股票市场表现的影响在不同行业里是显著不同的。二是房地产行业上市公司的数量比较适当，很多行业的公司数量比较少。三是这个行业里的公司大多数都比较规范地按深交所的指引发布线下投资者关系活动记录表。

5.3.2　变量选取及定义

一般研究上市公司股票市场表现的文献，都是以股票的收益率、股票的流动性和公司价值为研究对象。学者通常用成交量和换手率作为股票流动性的代理指标（Francis et al.，1997；Bushee et al.，2005；Bushee et al.，2011），用托宾 Q（李心丹等，2007；Prithu and Ravi，2011）衡量公司的价值。由于不同投资者在获取投资者关系活动信息上存在一定的时间差，因此本章以投资者关系活动当天设定为事件日 $t=1$，将事件的窗口期设定为（Bushee et al.，2005；Prithu and Ravi，2011），借鉴前人的研究方法，考察投资者关系活动开展后 5 个交易日内上市公司股票市场平均表现情况。而长期研究公司价值的变动时，本章以 2015 年 6 月 30 日的托宾 Q 值为考察对象，研究一年半时间内投资者关系活动对资本市场表现的整体影响。具体变量定义如表 5-1 所示。

表 5-1　被解释变量界定

变量	变量名称、单位	度量
窗口期股票平均收益率，百分比	RE	$RE = \dfrac{\sum\limits_{t=1}^{t=5}(\text{当日收盘价} - \text{昨日收盘价})/\text{昨日收盘价}}{5} \times 100$

变量	变量名称、单位	度量
窗口期平均成交量,日成交金额的自然对数	VOL	$VOL = LN\left(\dfrac{\sum\limits_{t=1}^{t=5} 日成交量}{5}\right)$
窗口期平均换手率	TOR	$TOR = \dfrac{\sum\limits_{t=1}^{t=5} 日换手率}{5}$
托宾 Q	Tobin Q	*Tobin Q*=市场价值/重置成本=(每股价格×流通股股数+每股净资产×非流通股股数+负债账面价值)/总资产

参照深交所上市公司《投资者关系活动记录表》的格式,结合考虑各种类型的线下投资者关系活动的数量构成,本章将投资者活动类型划分为特定对象调研(Specific)、现场参观(Field)、分析师会议(Analyst)、业绩发布会(Performance)、新闻发布会(Conference)和其他类型(Others)六种。

本章以参与机构的数量作为假设 2 线下投资者关系活动规模的代理变量。同时,鉴于新财富的最佳分析师评选在资本市场具有较高的知名度,本章认为 2013 年新财富评选的"最佳分析师"所在的机构在一定程度上可以代表知名机构投资者,将知名机构投资者的数量作为假设 3 中线下投资者关系活动参与者的构成情况的代理变量。

投资者关系活动平台信息披露的详略程度影响投资者信息的获取。本章统计了每一次投资者关系活动中的问题数及回答字数,并把问题回答字数分为 5 个层次,用以衡量信息披露的详略程度。问题数和问题回答详略程度作为假设 4 中信息披露数量的代理变量。

为了验证假设 5 中投资者关系所披露内容对公司股票市场表现的影响,本章分析了投资者关系记录表中问题的类型,分别统计了战略类、公司治理类和财务类信息问题的数量。

为了验证假设 6、假设 7、假设 8,本章统计了知名机构投资者参与次数、一年内公司投资者关系活动开展的平均次数以及一年内大规模投资者关系活动的平均开展次数。大规模投资者关系活动被定义为参与机构数量超过所有样本参与机构数量均值的活动。

表 5-2 列出了所有模型中用到的解释变量。

表 5-2　解释变量一览表

变量	变量名称	度量
活动类型	*Specific*	特定对象调研，是为 1，否为 0
活动类型	*Field*	现场参观，是为 1，否为 0
活动类型	*Analyst*	分析师会议，是为 1，否为 0
活动类型	*Performance*	业绩发布会，是为 1，否为 0
活动类型	*Conference*	新闻发布会，是为 1，否为 0
活动类型	*Others*	业绩说明会、新闻发布会、路演等其他类型的线下活动，是为 1，否为 0
活动规模	*ORG*	机构参与数量作为代理变量
活动人员构成	*Auth*	每次活动中，知名机构投资者参与数量作为代理变量，2013 年新财富"最佳分析师"所在机构作为知名机构投资者
问题数	*Q*	活动中互动交流的问题数量；公司战略信息（Strategy）、公司治理信息（Governance）、公司财务信息（Finance）
信息披露的详略程度	*Detail*	1=回答字数<50 字；2=回答字数为 50~100 字；3=回答字数为 100~150 字；4=回答字数为 150~200 字；5=回答字数>200 字
活动开展的次数	*Freq*	每家公司投资者关系活动开展的年平均次数
大规模活动的开展次数	*Fi*	每家公司大规模活动召开的年平均次数
知名机构参与次数	*Auths*	每家公司在统计时间内的所有活动中知名机构投资者参与的机构次数之和

基于 Fama-French 三因子模型（Fama and French，1993），在短期内，股票资本市场表现会受到公司的市值、市场资产组合收益以及市净率因素的影响。因此本章在研究线下投资者关系活动对上市公司短期市场表现的影响时，将同期内公司的规模、市场资产组合收益以及市净率因素作为控制变量。

在研究长期投资者关系活动对公司价值的影响时，由于公司价值衡量指标利用的是公司财务报告中的指标，受到多种因素的影响，以往文献以公司资产回报率、资产负债结构、公司规模等财务指标作为控制变量（Fama and French，1993），因此本章构建模型时，基于现有的文献，以公司总资产回报率、公司规模、总资产负债率作为控制变量。

表 5-3 列出了所有模型中用到的控制变量。

表 5-3　控制变量一览表

变量	变量名称	度量
公司市值	SAG	$SAG = \mathrm{LN}\left(\dfrac{\sum\limits_{t=1}^{t=5} 市值_t}{5}\right)$
市场收益率	MRE	$MRE = \dfrac{\sum\limits_{t=1}^{t=5} \dfrac{（深证收盘指数_t - 深证收盘指数_{t-1}）}{深证收盘指数_{t-1}}}{5}$
市净率	PB	$PB = \dfrac{\sum\limits_{t=1}^{t=5} 市净率_t}{5}$
公司总资产回报率	ROA	2015 年 6 月底总资产收益率
公司规模	$SIZE$	2015 年 6 月底总资产的对数
公司总资产负债率	DB	2015 年 6 月底负债总额/资产总额

5.3.3　模型构建

根据前述研究假设和变量选取，本章在研究线下投资者关系活动对上市公司股票市场表现时，将模型分为短期效应模型和长期效应模型。短期效应模型研究短期内线下投资者关系活动对股票收益率和流动性的影响。长期效应模型研究长期内线下投资者关系活动对企业价值的影响。

短期效应模型中，分别以股票收益率、成交量为被解释变量，以公司市值（SAG）、市场收益率（MRE）、市净率（PB）为控制变量，以投资者关系活动类型、活动规模（ORG）、知名机构投资者参与数（$Auth$）、问题数（Q）以及披露的详细程度（$Detail$）为解释变量，构建基本模型 1 和模型 2，用来验证假设 1 到假设 5。本章中将投资者活动类型当作哑变量处理，包括六类：特定对象调研（*Specific*）、现场参观（*Field*）、分析师会议（*Analyst*）、业绩发布会（*Performance*）、新闻发布会（*Conference*）和其他类型。其中其他类型作为参照组，不放入模型内，以免产生多重共线性。

模型 1：

$$RE = \beta_0 + \beta_1 Specific + \beta_2 field + \beta_3 Analyst + \beta_4 performance + \beta_5 Conference +$$
$$\beta_6 ORG + \beta_7 Auth + \beta_8 Q + \beta_9 Detail + \beta_{10} SAG + \beta_{11} MRE + \varepsilon 1$$

模型 2：

$$Vol = \alpha_0 + \alpha_1 Specific + \alpha_2 field + \alpha_3 Analyst + \alpha_4 performance + \alpha_5 Conference +$$
$$\alpha_6 ORG + \alpha_7 Auth + \alpha_8 Q + \alpha_9 Detail + \alpha_{10} SAG + \alpha_{11} MRE + \varepsilon 2$$

由于本章需要将投资者关系活动中披露的信息区分为公司治理信息（*Governance*）、公司战略信息（*Strategy*）和公司财务信息（*Finance*），而这些变量的数据与问题数有非常强的关联性，因此为研究信息类型对股票市场表现的影响，本研究将基本模型进行了拓展，排除问题数变量，引入信息类型数，具体模型如下：

模型 3：

$$RE = \gamma_0 + \gamma_1 Specific + \gamma_2 field + \gamma_3 Analyst + \gamma_4 performance + \gamma_5 Conference + \gamma_6 ORG +$$
$$\gamma_7 Auth + \gamma_8 Governance + \gamma_9 Strategy + \gamma_{10} Finance + \gamma_{11} Detail + \gamma_{12} SAG +$$
$$\gamma_{13} MRE + \varepsilon 3$$

长期效应模型中，以上市公司投资者关系活动平均一年内召开的次数 *Freq*、一年内参加过公司投资者关系活动的知名机构投资者总量 *Auth* 和大规模的活动开展的次数 *Fi* 为自变量，*TobinQ* 为因变量，以公司总资产规模 *Size*、公司总资产回报率 *ROA* 和公司负债率 *DB* 为控制变量，用来验证假设 6、假设 7 和假设 8。长期效应模型如下：

模型 4：

$$TobinQ = \delta_0 + \delta_1 Freq + \delta_2 Auths + \delta_3 Fi + \delta_4 Size + \delta_5 ROA + \delta_6 DB + \varepsilon 4$$

5.4 实证研究

5.4.1 短期效应模型变量描述性统计与相关性分析

为更好地认识目前我国线下投资者关系活动的现状，并了解实证模型各变量的情况，本研究对主要变量的数据进行了描述性统计。统计结果如表5-4所示。

表5-4 模型1-3中的主要变量描述性统计

编号	变量名称	平均	中位数	标准差	最小值	最大值	求和	观测数
1	特定对象调研 specific	0.893	1.0	0.310	0.0	1.0	266.0	298
2	现场参观 Field	0.047	0.0	0.212	0.0	1.0	14.0	298
3	分析师会议 Analyst	0.023	0.0	0.152	0.0	1.0	7.0	298
4	业绩发布会 Performance	0.010	0.0	0.100	0.0	1.0	3.0	298
5	新闻发布会 Conference	0.007	0.0	0.082	0.0	1.0	2.0	298
6	其他类型活动 Others	0.020	0.0	0.141	0.0	1.0	6.0	298
7	机构数 Org	4.554	2.0	6.406	1.0	55.0	1357.0	298
8	知名机构数 Auth	1.567	1.0	2.161	0.0	13.0	467.0	298
9	问题数量 Q	5.705	5.0	3.140	0.0	21.0	1700.0	298
10	公司治理问题数 Governance	0.735	0.0	0.961	0.0	5.0	219.0	298
11	战略问题数 Strategy	1.960	2.0	1.582	0.0	11.0	584.0	298
12	财务问题数 Finance	3.034	3.0	2.448	0.0	17.0	904.0	298
13	详略程度 Detail	2.936	3.0	1.447	1.0	5.0	875.0	298
14	窗口期股票收益率 RE（%）	0.481	0.2	1.605	-4.2	7.9	143.5	298
15	成交量自然对数 VOL	16.556	16.7	1.327	11.4	19.6	4933.7	298
16	换手率 TOR	2.729	2.0	2.435	0.1	15.1	813.3	298

续表

编号	变量名称	平均	中位数	标准差	最小值	最大值	求和	观测数
17	市净率 PB	22.918	22.9	1.600	0.0	25.1	6829.4	298
18	市值自然对数 SAG	4.028	2.4	4.778	0.0	35.2	1200.4	298
19	窗口期市场收益率 MRE（%）	0.333	0.3	0.843	-3.1	2.7	99.2	298
20	窗口期超额收益率（ABR）（%）	0.148	-0.1	1.485	-4.1	8.5	44.2	298

由表 5-4 的结果可以发现以下五点：

（1）在事件窗口期，个股收益率的标准差为 0.016，而市场的标准差为 0.008，个股收益率标准差明显大于市场收益率标准差。这说明在投资者关系活动期间，个股收益率的波动率明显大于市场波动率，与以往的研究结论相符。

（2）从活动的规模来看，平均值为 4.55，总体规模不大，但是标准差达到了 6.406，因此每个上市公司开展的投资者关系活动规模存在较大的差异性。

（3）从知名机构投资者指标的结果来看，知名机构投资者的均值为 1.57，结合活动规模的均值来看，知名机构投资者对上市公司的投资者关系活动的参与度不高。

（4）从问题数指标来看，在投资者关系活动中，上市公司与投资者之间互动沟通的问题数量相对较少，平均值仅为 5.7。

（5）在所有调查的样本中，公司治理信息出现的次数 219 次，占比 12.88%；战略信息出现的次数是 584 次，占比 34.35%；财务方面的信息出现的次数是 904 次，占比 53.18%。所以总体而言，投资者更加关注财务方面信息的披露。

鉴于变量中有非连续变量，所以本研究进行斯皮尔曼相关性检验。表 5-5 为各变量斯皮尔曼相关系数矩阵，由表中的结果可知各自变量之间的相关系数的值均小于 0.8，各变量均可以被考虑放入本研究的模型中使用。但由于 Specific 与其他五个活动类型自变量具有很高的共线性、问题总数 Q 与分类型的问题数 Governance、Strategy 和 Finance 都有较高的共线性，所以这两个自变量不可以与其他高相关自变量同时放在一个模型里。

表 5-5 各变量斯皮尔曼相关系数矩阵

	Specific	Field	Analyst	Performance	Conference	Others	Org	Auth	Q	Governance	Strategy	Finance	Detail	RE	VOL	PB	SAG	MRE
Specific	1.000																	
Field	-0.640**	1.000																
Analyst	-0.447**	-0.034	1.000															
Performance	-0.291**	-0.022	-0.016	1.000														
Conference	-0.237**	-0.018	-0.013	-0.008	1.000													
Others	-0.413**	-0.032	-0.022	-0.014	-0.012	1.000												
Org	-0.038	0.016	-0.037	0.022	0.003	0.084	1.000											
Auth	0.048	-0.09	-0.104	-0.033	-0.014	0.052	0.602**	1.000										
Q	-0.040	0.106	0.005	0.055	-0.002	-0.116*	-0.077	-0.001	1.000									
Governance	-0.044	0.143*	-0.036	0.078	-0.010	-0.128*	0.028	0.055	0.378**	1.000								
Strategy	-0.087	0.067	0.097	0.098	-0.050	-0.055	-0.051	-0.005	0.576**	0.151**	1.000							
Finance	0.045	0.009	-0.040	-0.062	0.036	-0.047	-0.052	-0.022	0.645**	-0.073	-0.028	1.000						
Detail	0.005	0.009	-0.032	0.025	0.062	-0.044	0.031	0.070	0.040	0.076	-0.057	0.077	1.000					
RE	0.007	0.002	0.009	-0.080	-0.014	0.036	-0.100	-0.164**	-0.001	0.034	0.052	-0.103	0.001	1.000				
VOL	-0.015	0.010	0.041	0.094	-0.128*	-0.018	0.136*	-0.001	0.029	0.076	0.052	-0.057	0.078	0.197**	1.000			
PB	-0.018	-0.012	0.010	0.094	-0.129*	0.056	0.167**	0.128*	0.029	0.048	0.078	-0.075	0.023	0.068	0.667**	1.000		
SAG	-0.020	0.077	-0.067	-0.123*	-0.108	0.151**	0.153*	0.130*	-0.029	-0.048	0.093	-0.73	-0.005	0.046	-0.148*	0.023	1.000	
MRE	0.056	-0.078	0.067	-0.108	-0.010	0.005	-0.003	-0.069	-0.037	-0.011	0.093	-0.146*	-0.030	0.419**	0.185**	0.186**	0.146*	1.000

注：**表示在 0.01 的水平上显著，*表示在 0.05 的水平上显著。

5.4.2　短期效应模型实证结果

模型 1、模型 2、模型 3 的实证结果如表 5-6 所示。

表 5-6　投资者关系活动与股票收益率的回归分析结果

变量	模型 1			模型 2			模型 3		
	系数 β	t 值	显著性	系数 α	t 值	显著性	系数 γ	t 值	显著性
（常量）	0.496	0.283	0.777	5.630	4.379	0.000***	0.422	0.241	0.810
Specific	−1.231	−1.999	0.047**	−0.110	−0.245	0.807	−1.280	−2.070	0.039**
Field	−1.397	−1.929	0.055*	0.229	0.431	0.667	−1.531	−2.086	0.038**
Analyst	−1.610	−1.946	0.053*	0.196	0.322	0.748	−1.679	−2.021	0.044**
Performance	−1.279	−1.224	0.222	0.397	0.518	0.605	−1.479	−1.397	0.164
Conference	−1.234	−0.826	0.410	2.378	2.168	0.031**	−1.171	−0.782	0.435
Org	0.042	2.039	0.042**	0.028	1.836	0.067*	0.040	1.954	0.052*
Auth	−0.199	−3.230	0.001***	−0.058	−1.287	0.199	−0.200	−3.228	0.001***
Q	0.062	2.268	0.024**	0.002	0.112	0.911	—	—	—
Detail	0.041	0.689	0.491	0.078	1.791	0.074*	0.042	0.712	0.477
PB	0.023	0.330	0.742	0.476	9.308	0.000***	0.028	0.394	0.694
SAG	0.023	1.235	0.218	−0.064	−4.735	0.000***	0.023	1.252	0.212
MRE	0.725	7.092	0.000***	0.184	2.448	0.015	0.702	6.752	0.000***
Governance	—	—	—	—	—	—	0.117	1.282	0.201
Strategy	—	—	—	—	—	—	0.102	1.843	0.066*
Finance	—	—	—	—	—	—	0.032	0.913	0.362
R^2	0.216			0.382			0.220		
调整后 R^2	0.184			0.356			0.1810		
模型总体显著性	0.000***			0.000***			0.000***		

注：*、**、***分别表示在10%、5%和1%水平上显著。

从表 5-6 中可以看出：

（1）在短期内，特定对象调研（*Specific*）、现场参观（*Field*）和分析师会议

（*Analyst*）都对股票收益率有显著影响（5%水平或10%水平下），新闻发布会对股票成交量有显著影响。投资者活动的类型对股票市场表现具有显著影响，假设1成立。

（2）在5%或10%的显著性水平下，投资者活动规模（*Org*）与股票的收益率（*RE*）和成交量（*VOL*）存在显著的正相关性，验证了假设2的成立，即活动规模与股票市场表现具有显著的正向相关关系。

（3）在1%的显著性水平下，解释变量"知名机构投资者数量"（*Auth*）与被解释变量股票的收益率（*RE*）呈显著负相关性。假设3成立，活动的人员构成与股票市场表现显著相关。

（4）在5%的显著性水平下，解释变量"问题数量"（*Q*）与股票收益率（*RE*）显著正相关。假设4被验证，信息披露数量越多，股票收益率越高，信息披露数量与股票市场表现显著相关。

（5）在10%的显著性水平下，解释变量"战略问题数"（*Strategy*）与股票收益率（*RE*）显著正相关。假设5成立，线下投资者关系中披露的信息内容类型与股票市场表现显著相关。

（6）控制变量市场收益率（*MRE*）在1%的显著性水平下与个股的收益率显著正相关，个股股价的收益率会在很大程度上受到市场的影响。符合Fama-French模型预期。

值得注意的是，知名机构参与数与股票收益率、股票换手率均呈现显著的负相关关系，而非正相关关系。这大概由于知名机构投资者更有可能是内在价值型投资者造成的。内在价值型投资者持有股票的数量规模大，并且不会经常变更投资策略，更多采取长期持有的策略，因此不会引起股票价格和成交量的大幅度波动，这在一定程度上起到了稳定股价和稳定成交量的作用（冯彦杰、徐波，2014）。周学农和彭丹（2007）等以上证指数和深成指数的日收益率指标来衡量股市波动性，利用GARCH与EGARCH模型来研究机构投资者对中国股票市场波动性的影响。研究发现，机构投资者会使股指收益率波动性数值减小，波动的平稳性增强。本章的实证结果从另一个侧面验证了这个结论。

在10%的显著性水平下，公司披露的战略信息（*Strategy*）与股票的收益率呈正相关关系，即公司披露的战略信息数越多则股票的收益率越高，而公司披露的财务信息和公司治理信息对股票的收益率并无显著的影响。结合前文描述性统计的数据，公司披露财务信息的数量占比 52.96%，战略信息的数量占比 34.35%。这说明对于房地产类型的企业，虽然投资者更加关注公司对财务信息的披露，但是非财务信息的披露，特别是战略方面的信息对股票的收益率起到重要的作用。

5.4.3　长期效应模型实证结果

用以研究长期效应的模型 4 中的变量的描述性统计如表 5-7 所示。

表 5-7　投资者关系活动与公司价值实证模型变量描述性统计

	Freq	*Fi*	*Auths*	*Tobin Q*	*ROA*	*Size*	*DB*
平均	8.28	2.33	13.00	1.99	0.012	23.59	0.71
中位数	6.00	2.00	11.50	1.61	0.003	23.46	0.75
标准差	6.44	2.22	11.17	1.27	0.023	1.12	0.11
最小值	1	0	0	0.9	−0.019	21.6	0.4
最大值	20	8	47	7.1	0.080	25.3	0.9
求和	298	84	468	—	—	—	—
观测数	36	36	36	36	36	36	36

通过投资者关系活动规模（ORG）的描述性指标可知，投资者关系活动的平均规模为 4.5 个调研机构，所以本章以样本中调研机构数量 ≥5 的投资者关系活动为大规模活动。

从表 5-7 可以看出，投资者关系活动召开的次数（Freq）最小值为 1，最大值为 20，标准差达到了 6.44，说明上市公司之间投资者关系活动召开的次数差异性较大。大规模投资者关系活动（Fi）和知名机构参与总数（Auths）也具有差异很大的特点。

本章对模型 4 中的变量进行了相关性分析，以判断各变量之间是否存在严重的共线性问题，具体结果见表 5-8。

表 5-8　长期投资者关系活动变量皮尔森相关性分析结果

	Freq	*Fi*	*Auths*	*Tobin Q*	*ROA*	*SIZE*	*DB*
Freq	1						
Fi	0.799	1					
Auths	0.821	0.885	1				
Tobin Q	0.042	0.227	0.188	1			
ROA	0.069	0.078	0.264	0.174	1		
SIZE	0.213	0.212	0.294	−0.527	−0.077	1	
DB	−0.098	−0.058	−0.100	−0.509	−0.183	0.669	1

一般来说，当相关系数值超过 0.8，表明两变量之间存在严重的共线性，从表 5-8 的分析结果来看，知名机构投资者的总数（*Auths*）与大规模活动的次数之间（*Fi*）的相关系数为 0.885，大于 0.8，也就是说变量之间存在严重的共线性，不可以放在同一个回归模型中。同理，知名机构投资者的总数（*Auths*）与活动开展的次数之间（*Freq*）的相关系数为 0.821，因此也不可将两者放在同一个模型中。所以本研究将模型 4 重新设计为：

模型 4A

$TobinQ = \delta_0 + \delta_1 Freq + \delta_2 Fi + \delta_3 Size + \delta_4 ROA + \delta_5 DB + \varepsilon 4$

模型 4B

$TobinQ = \theta_0 + \theta_1 Auths + \theta_2 Size + \theta_3 ROA + \theta_4 DB + \varepsilon 5$

模型 4A 和模型 4B 的实证结果如表 5-9 所示。

表 5-9　投资者关系活动与公司价值的回归结果

变量	模型 4A		模型 4B	
	系数 δ	显著性	系数 θ	显著性
常量	14.864	0.001 ***	17.194	0.001 ***
Freq	−0.072	0.116		
Fi	0.340	0.012 **		
ROA	4.576	0.552	1.367	0.867
Size	−0.485	0.036 **	−0.633	0.013 **

续表

变量	模型 4A		模型 4B	
	系数 δ	显著性	系数 θ	显著性
DB	−2.347	0.284	−1.098	0.634
Auths			0.038	0.049 **
R^2	0.466		0.411	
调整后 R^2	0.377		0.335	
模型总体显著性	0.001 ***		0.002 ***	

注：＊、＊＊、＊＊＊分别表示在 10%、5% 和 1% 的水平上显著。

表 5-9 的结果及相关分析如下：

（1）在 5% 的显著性水平下，大规模的投资者关系活动召开的次数（Fi）与公司价值之间（Tobin Q）存在显著的正相关关系，即大规模活动开展的次数越多，则公司价值越高，假设 7 得到验证。

（2）投资者关系活动召开的次数（Freq）与公司价值（Tobin Q）之间并没有显著的相关性，假设 6 不成立。主要原因可能在于，许多上市公司的投资者关系活动召开得很频繁，但是规模都相对较小，所以样本总体召开的次数与公司价值不存在显著的相关关系。虽然总体投资者关系活动开展的次数指标并不显著，但是大规模活动开展的次数却与公司价值呈显著正相关关系，因此本研究认为投资者关系活动并不是召开的次数越多就越好，只有大规模的投资者关系活动才能够对上市公司价值产生显著的影响。

（3）在 5% 的显著性水平下，知名机构投资者参与数（Auths）与公司价值（Tobin Q）呈显著正相关关系。知名机构投资者参与的数量越多，则公司价值越大，本研究的假设 8 得到了很好的验证。前文结果显示知名机构投资者参与数（Auths）与上市公司股票市场表现在短期内存在显著的负相关关系，本研究猜测其原因是知名机构投资者多为价值投资，一般会选择长期持股。所以在短期内不会引起公司股票市场表现大幅度变动，而在长期内会增加公司的价值。模型 4B 的结论证实了本研究的猜想。

5.5 稳健性分析

5.5.1 短期效应模型稳健性检验

为检验短期效应模型的稳定性，本研究修改了前述模型 1 到模型 3 中的因变量，看各变量的显著性和回归系数有没有重大变化。

上文在研究短期投资者关系活动的各项要素与股票收益率的关系时，以股票收益率作为因变量。而相关文献认为投资者关系活动对超额收益率有显著影响（Francis et al.，1997；Bushee et al.，2003；Bushee et al.，2011），基于此，本研究将模型 1 中的股票收益率 RE 替换为超额收益率 ABR（ABR＝RE−MRE），变成模型 5。模型 3 也做相应的变化，变成模型 7。

上文在研究短期投资者关系活动的各项要素与股票流动性的关系时，以成交量作为因变量，考虑到成交量受市值影响较大，将模型 2 中的成交量改为换手率，变换为模型 6。

模型 5 到模型 7 的结果如表 5−10 所示。

表 5−10 短期效应模型中变量的稳健性分析

变量	模型 5			模型 6			模型 7		
	系数	t 值	显著性	系数	t 值	显著性	系数	t 值	显著性
（常量）	0.496	0.283	0.777	4.400	1.516	0.131	0.444	0.253	0.800
Specific	−1.231	−1.999	0.047 **	−0.315	−0.309	0.757	−1.284	−2.077	0.039 **
Field	−1.397	−1.929	0.055 *	−1.223	−1.019	0.309	−1.554	−2.117	0.035 **
Analyst	−1.610	−1.946	0.053 *	−1.029	−0.751	0.453	−1.678	−2.020	0.044 **
Performance	−1.279	−1.224	0.222	1.195	0.690	0.491	−1.503	−1.420	0.157
Conference	−1.234	−.826	0.410	0.245	0.099	0.921	−1.183	−0.790	0.430

续表

变量	模型 5			模型 6			模型 7		
	系数	t 值	显著性	系数	t 值	显著性	系数	t 值	显著性
Org	0.042	2.039	0.042 **	0.076	2.228	0.027 **	0.040	1.942	0.053 *
Auth	−0.199	−3.230	0.001 ***	−0.219	−2.142	0.033 **	−0.200	−3.241	0.001 ***
Q	0.062	2.268	0.024 **	0.045	1.009	0.314	0.298	1.057	0.291
Detail	0.041	0.689	0.491	0.040	0.412	0.680	0.041	0.682	0.496
PB	0.023	0.330	0.742	−0.084	−0.726	0.469	0.027	0.388	0.698
SAG	0.023	1.235	0.218	0.012	0.394	0.694	0.024	1.298	0.195
MRE	−0.275	−2.690	0.008 ***	0.510	3.014	0.003 ***	0.297	2.856	0.005 ***
Governance	—	—	—	—	—	—	0.155	0.569	0.570
Strategy	—	—	—	—	—	—	0.202	0.691	0.490
Finance	—	—	—	—	—	—	0.267	0.937	0.350
R^2	0.084			0.065			0.092		
调整后 R^2	0.045			0.026			0.043		
模型总体显著性	0.013 **			0.077 *			0.023 **		

注：*、**、*** 分别表示在 10%、5% 和 1% 的水平上显著。

　　通过比较模型 1、模型 2、模型 3 与模型 5、模型 6、模型 7 发现，总体上看主要的解释变量的系数符号和其显著性均与原来的方程基本保持一致。投资者关系活动的类型、规模（机构数量 *Org*）、人员构成（知名投资机构 *Auth*）、投资者关系披露的信息数量（问题数 *Q*）依旧跟股票收益率和流动性保持着较好的显著相关性。

　　知名机构投资者参与数量 *Auth* 在模型 2 中不显著，但是在模型 6 中显著，表明其与股票换手率呈明显负相关关系，再次印证了内在价值投资者具有稳定股价和稳定成交量的作用。

　　投资者关系活动信息披露内容变量 *Strategy* 由模型 3 的显著变为模型 7 的不显著，表明战略信息与股票收益率显著相关，但是与超额收益率并不显著相关。考虑在模型 3 中已经包含了市场收益率作为控制变量，同时该变量在模型 3 中显著性水平大于 5%，所以在这个模型中不显著也是可以理解的。

　　从总体的检验情况来看，可以认为检验的结果是稳健的。

5.5.2　长期效应模型稳健性检验

本研究通过减少控制变量的方式，检验长期效应模型的稳健性。在模型 4A 和模型 4B 中，有一个控制变量为 ROA。鉴于有些文献中将 ROA 作为公司价值的 另外一个代理变量来考虑（Bushee and Miller，2005；Bushee et al.，2011），为 排除模型可能的内生性问题，本研究在模型 4A 和模型 4B 中将 ROA 去掉，变换 为模型 4C 和模型 4D。这两个模型的实证结果如表 5-11 所示。

表 5-11　长期效应模型中变量的稳健性分析

变量	模型 4C		模型 4D	
	系数	显著性	系数	显著性
常量	14.924	0.001***	17.285	0.000***
Freq	−0.073	0.111	—	—
Fi	0.343	0.011**	—	—
Size	−0.479	0.036**	−0.636	0.012**
DB	−2.550	0.235	−1.121	0.621
Auths	—	—	0.039	0.036**
R^2	0.459		0.411	
调整后 R^2	0.390		0.356	
模型显著性	0.001		0.001	

注：*、**、***分别表示在 10%、5% 和 1% 水平上显著。

从表 5-11 可以看出，尽管减少了控制变量，解释变量 Fi、Auths 的系数方向 和显著性都没有变化，从各变量和模型的显著性系数和拟合度来看，模型整体变 得更加优化了。通过以上的分析，可以进一步说明长期效应模型实证结果的稳 健性。

5.6　小　结

　　本章选取了深交所的房地产类上市公司披露的线下投资者关系活动作为研究样本，从短期和长期的角度，研究投资者关系活动对股票收益率、股票流动性、公司价值的影响，研究结果表明：①线下投资者关系活动能够显著影响股票市场表现。活动窗口期的股价波动率会有明显的加大，特定对象调研、分析师会议和现场参观对股票收益率有显著影响，新闻发布会对股票成交量有显著正向影响。②线下投资者关系活动的规模能够显著影响股票市场表现。活动中，参与的机构数量越多，股票的收益率、成交量和换手率越高。③线下投资者关系活动的参与人员构成能够显著影响股票市场表现。知名机构投资者作为内在价值投资者的代表，能够显著稳定股价与成交量的波动。④线下投资者关系活动中披露的信息量能够影响股票市场表现。活动中交流的问题数越多，股票收益率和超额收益率都越高。信息披露的越详尽，股票的成交量就越高。⑤线下投资者关系活动中披露的信息类型的不同能够影响股票市场表现。战略信息的披露一定程度上可以提高短期股票收益率。⑥线下投资者关系活动能够在长期上提高公司价值，但投资者关系活动并不是召开的越多越好，大规模的活动形式更能够促进公司价值的增加，知名机构参与数量与公司价值具有显著正相关性关系。以上结论证实，我国上市公司所开展的线下投资者关系活动在短期内对股票收益率和流动性都有显著影响，而长期则有利于公司价值的提升。

　　根据以上结论，针对上市公司投资者关系管理，本章提出以下几则启示：

　　（1）上市公司应该主动开展大规模投资者关系活动。从研究获得的数据来看，我国目前的投资者关系活动规模普遍较小，往往是上市公司被动地召开，大多数的投资者关系活动仅仅有 1 家机构参与。而实证结果表明，从长期来看，小规模的投资者关系活动对上市公司价值的提升没有特别显著的影响。而大规模的投资者关系活动长期却有利于公司价值的提升。上市公司开展投资者关系活动时应正视投资者关系活动的开展规模，主动开展投资者关系活动。

（2）积极地与机构投资者进行沟通。实证结果反映机构参与数量与公司价值呈显著正相关关系，机构投资者参与数量越多，越有利于公司价值的提升。所以上市公司应积极地与机构投资者进行沟通。

（3）充分披露公司信息，提高信息披露的质量和数量，并更加注重非财务信息的披露，特别是战略信息的披露。在披露投资者关系活动时，要尽可能的详细和完备，让更多投资者能够充分地掌握活动信息。在投资者关系活动的互动过程中，要尽量深入展开交流，增加交流的主题内容数量。

尽管本章就线下投资者关系的研究得出了一些很有探索性的结论，但本研究有关线下投资者关系活动的数据均来源于深交所投资者关系活动披露平台，并没有通过收集其他渠道的相关数据，其次本研究只针对房地产行业上市公司做了研究，未来的研究可以进一步拓展数据收集渠道和行业样本，以使数据更加全面。另外，由于深交所只规定机构投资者发起的投资者关系活动必须以会议纪要的形式披露到指定平台，但对上市公司自愿开展的投资者关系活动并没有做要求，所以本研究收集的上市公司投资者关系活动数据也有待更加全面化。线下投资者关系活动披露到线上的互联网，是为了让更多无法参与到活动中的投资者和潜在投资者，特别是中小投资者能够享有平等的信息获取权利，以达到保护中小投资者的目的，但是本研究并未涉及线下活动的非参与者获取这些线上信息的情况，因此不清楚该种形式的信息披露的受众范围和传导机制，以及这些因素是如何影响公司股票市场表现的。未来的研究可以进行更为全面的数据挖掘，以及对不同受众获取信息的情况做更深入的研究，以更精确地探讨投资者关系活动披露平台数据的意义。

参考文献

［1］Prithu B，Ravi C A D. Investor Relations and Firm Value［R］. 2011.

［2］Bollen L，Hassink H，Bozic G. Measuring and explaining the quality of Internet investor relations activities：A multinational empirical analysis［J］. International Journal of Accounting Information Systems，2006，7（4）：273-298.

［3］ Botosan C, Plumlee M. A re-examination of disclosure level and the expected cost of equity capital ［J］. Journal of Accounting Research, 2002, 40 （1）: 21-40.

［4］ Bushee B J, Matsumoto D A, Miller G S. Open versus closed conference calls: The determinants and effects of broadening access to disclosure ［J］. Journal of Accounting & Economics, 2003, 34 （2）: 149-180.

［5］ Bushee B J, Miller G S. Investor Relations, Firm Visibility, and Investor Following ［J］. Accounting Review, 2005, 87 （3）: 867-897.

［6］ Bushee B J, Noe C F. Corporate disclosure practices, institutional investors, and stock return volatility ［J］. Journal of accounting research, 2000, 38 （S）: 171-202.

［7］ Bushee B J, Jung M J, Miller G S. Conference Presentations and the Disclosure Milieu ［J］. Journal of Accounting Research, 2011, 49 （5）: 1163-1192.

［8］ Fama E F, French K R. Common risk factors in the returns on stocks and bonds ［J］. Journal of Financial Economics, 1993, 33 （1）: 3-56.

［9］ V Group. Investor Relations Industry Report 2012-2013 ［EB/OL］. （2013-12-30） ［2017-07-20］. http: //www. vmagroup. com/surveys-reports/.

［10］ Healy P M, Hutton A P, Palepu K G. Stock performance and intermediation changes surrounding sustained increases in disclosure ［J］. Contemporary Accounting Research, 1999, 16 （3）: 485-520.

［11］ Hong H, Huang M. Talking up liquidity: Insider trading and investor relations ［J］. Journal of Financial Intermediation, 2005, 14 （1）: 1-31.

［12］ Kirk M, Vincent J. Professional Investor Relations within the Firm ［J］. Accounting Review, 2014, 89 （4）: 1421-1452.

［13］ Laskin A V. How Investor Relations Contributes to the Corporate Bottom Line ［J］. Journal of Public Relations Research, 2011, 23 （3）: 302-325.

［14］ Laskin A V. A Descriptive Account of the Investor Relations Profession ［J］. Journal of Business Communication, 2009, 46 （2）: 208-234.

［15］Liu S M, Lin B, Nie Y J. Investor Relations Management（IRM）and the Cost of Equity Capital: Evidence from Internet Investor Relation Management［J］. Journal of Finance & Economics, 2008, 34（5）: 75-86.

［16］Marston C. Investor relations meetings: Evidence from the top 500 UK companies［J］. Accounting & Business Research, 2008, 38（1）: 21-48.

［17］Merton R C. A simple model of capital market equilibrium with incomplete information［J］. The Journal of Finance, 1987, 42（3）: 483-510.

［18］NIRI. Definition of Investor Relations［EB/OL］.（2003-03-01）［2017-07-19］. https: //www. niri. org/about-niri.

［19］Palter R N., Rehm W, Shih J. 与投资者沟通，要找准对象［J］. 当代经理人，2008（9）: 52-54.

［20］Vlittis A, Charitou M. Valuation effects of investor relations investments［J］. Accounting & Finance, 2012, 52（3）: 941-970.

［21］Yoon T I, Byun H Y. Investor Relations, Corporate Governance Practices and Firm Value［J］. The Journal of International Trade & Commerce, 2015, 11（3）: 107-127.

［22］蔡传里，许家林. 上市公司信息透明度对股票流动性的影响——来自深市上市公司 2004～2006 年的经验证据［J］. 经济与管理研究，2010（8）: 88-96.

［23］岑维，李士好，童娜琼. 投资者关注度对股票收益与风险的影响——基于深市“互动易”平台数据的实证研究［J］. 证券市场导报，2014（7）: 40-47.

［24］陈石清，王凤翔. 投资者关系管理对我国上市公司市值管理影响的实证研究［J］. 中南林业科技大学学报（社会科学版），2011, 5（2）: 92-93.

［25］程新生，谭有超，许垒. 公司价值、自愿披露与市场化进程——基于定性信息的披露［J］. 金融研究，2011（8）: 111-127.

［26］冯彦杰. 中美网络投资者关系规制比较研究［J］. 网络法律评论，2017, 9（1）: 163-180.

[27] 冯彦杰，徐波．投资者关系职能研究综述与展望——基于平衡计分卡框架 [J]．上海对外经贸大学学报，2014（2）：43-57.

[28] 黄智丰，余自武．上市公司投资者关系管理与经营绩效研究——基于105 家国内上市公司实证 [J]．工业工程与管理，2012（3）：129-134.

[29] 李心丹，肖斌卿，张兵，等．投资者关系管理能提升上市公司价值吗？——基于中国 A 股上市公司投资者关系管理调查的实证研究 [J]．管理世界，2007（9）：117-128.

[30] 马连福，赵颖．基于投资者关系战略的非财务信息披露指标及实证研究 [J]．管理科学，2007，20（4）：86-96.

[31] 谭松涛，阚铄，崔小勇．互联网沟通能够改善市场信息效率吗？——基于深交所"互动易"网络平台的研究 [J]．金融研究，2016（3）：174-188.

[32] 巫升柱．自愿披露水平与股票流动性的实证研究——基于中国上市公司年度报告的经验 [J]．财经问题研究，2007（8）：59-65.

[33] 肖斌卿，彭毅，方立兵，等．上市公司调研对投资决策有用吗——基于分析师调研报告的实证研究 [J]．南开管理评论，2017，20（1）：119-131.

[34] 颜慧．上市公司网络信息披露监管制度研究 [D]．武汉：华中师范大学硕士学位论文，2014.

[35] 杨德明，王彦超，辛清泉．投资者关系管理、公司治理与企业业绩 [J]．南开管理评论，2007（3）：43-50.

[36] 张婉君．上市公司投资者关系管理（IRM）水平与公司绩效的实证研究——来自106 家中国上市公司的经验证据 [J]．上海经济研究，2007（12）：37-42.

[37] 赵颖．投资者关系管理与资本成本——来自中国上市公司的实证证据 [J]．山西财经大学学报，2010（4）：85-92.

[38] 中国证监会．关于发布《上市公司与投资者关系工作指引》的通知 [EB/OL]．（2005 - 07 - 11）[2017 - 07 - 19]．http：//www. csrc. gov. cn/pub/newsite/ssb/ssflfg/bmgzjwj/ssgszl/200911/t20091110_167750. html.

[39] 周学农，彭丹．机构投资者对中国股市波动性影响的实证研究 [J]．

系统工程，2007，25（12）：58-62.

［40］Agarwal V，Taffler R J，Bellotti X，et al. Investor relations，information asymmetry and market value ［J］. Accounting and Business Research，2016，46（1）：31-50.

［41］Chang M，Hooi L，Wee M. How does investor relations disclosure affect analysts' forecasts?［J］. Accounting and Finance，2014，54（2）：365-391.

［42］Feng Y. Wan T. Website-based investor relations：A comparison between developed and developing economies ［J］. Online Information Review，2013，37（6）：946-968.

［43］Francis J，Hanna J D，Philbrick D R. Management communications with securities analysts ［J］. Journal of Accounting & Economics，1997，24（3）：363-394.

第6章　基于平衡计分卡框架 投资者关系职能

6.1　引言

中国证监会（2022）将投资者关系管理定义为："投资者关系管理是指上市公司通过便利股东权利行使、信息披露、互动交流和诉求处理等工作，加强与投资者及潜在投资者之间的沟通，增进投资者对上市公司的了解和认同，以提升上市公司治理水平和企业整体价值，实现尊重投资者、回报投资者、保护投资者目的的相关活动。"全美投资者关系协会（NIRI，2003）将投资者关系定义为：投资者关系是公司的战略管理职责，在遵守证券法律法规的前提下，运用金融、沟通和市场营销学等方法，实现公司与财经界（Financial Community）及其他相关主体（Constituencies）之间有效的双向信息交流，最终帮助企业证券实现公平价值。加拿大投资者关系协会（CIRI，2021）将投资者关系定义为：投资者关系是一项整合了财务、沟通、营销、证券合规和可持续发展的战略管理职责，其目的是使公司、投资界和其他利益相关者之间的信息流动更加有效，使公司证券获得知情估值（Informed Valuation）并促进资本市场的公平和高效。

本研究中投资者关系职能是指公司中承担投资者关系工作的机构或人员及其职责、功能，它如同公司中的会计职能、销售职能等，是公司为了实现自己的整体功能所进行的一项工作分工。

投资者关系（Investor Relations，IR）作为一项公司职能在国外发展历史比较长。1953 年美国的通用电气公司设立了第一个专职的投资者关系部门，2002年《萨班斯-奥克斯利法案》的出台极大地促进了投资者关系的发展，大多数上市公司设立了专职的投资者关系部门或专职人员（Laskin，2012），很多公司的投资者关系工作从以前隶属于首席财务官或者公司公共关系部门变成直接向首席执行官汇报（Bloomberg，2013）。投资者关系引入中国的历史还比较短，2001 年开始中国部分在海外上市的公司开始开展投资者关系工作（巴曙松和曹梦柯，2007）。为了促进投资者关系的发展，2005 年证监会出台了《上市公司与投资者关系工作指引》，指定公司董事会秘书作为投资者关系工作的负责人，投资者关系职能成为了上市公司中普遍存在的一种职能（胡艳和赵根，2010）。

尽管投资者关系职能普遍存在，但是理论界对于投资者关系职能的研究仅处于起步阶段，尚未形成统一的理论体系，国内理论界对于这方面的研究更是非常少。而投资者关系职能实践的发展迫切需要理论的发展和探索。本研究基于平衡计分卡的框架，梳理国内外关于投资者关系职能相关研究的现有成果，提出基于综合平衡计分卡框架的投资者关系职能各计分卡层面的评价和执行指标，并提出未来的研究方向。

平衡计分卡最初是由卡普兰和诺顿于 1992 年提出的一种绩效评价体系（Kaplan and Norton DP，1992），之后卡普兰和诺顿将这种工具的使用从绩效评价推广到了战略开发、战略实施、管理沟通、管理控制等各个方面，使之成为一种管理系统理论（Kaplan and Norton，1996）。这种理论在过去 20 多年里得到了管理实践界和学术界的广泛认同（Nørreklit et al.，2012）。平衡计分卡将公司层面的战略目标分解成部门、职能和个人财务目标，并通过因果关系的映射，将财务目标再具体定位到细分的顾客和市场层面，并与日常工作内容、工作过程等内部流程层面和员工培训学习、组织规程建设等学习成长层面联系起来。实践和研究证明：平衡计分卡的运用能够有效地促进公司、部门及各种职能的运行绩效（Brewer and Speh，2000；Wu，2007；Walker and Ainsworth，2007；Malina，2013）。

用平衡计分卡框架分析企业投资者关系职能，将使我们从投资者关系职能财务目标、工作对象（顾客）细分、内部流程以及学习和成长层面全面理解这一职能，并可从现有研究中寻找已经证实的因果关系，肯定和推广企业一些科学的做法和实践，发现未经研究和实证的因果关系领域，为未来的研究提出方向。

本研究首先从平衡计分卡的各个层面出发回顾了现有研究，之后将现有研究集成为一个平衡计分卡模型，从模型出发总结了现有研究中的不足，并对未来的研究方向进行了展望。

6.2　投资者关系职能的财务目标

平衡计分卡的财务目标指业务单元的长期目标，这种目标可以是利润目标，也可以是其他财务衡量指标（Kaplan and Norton，1996）。

投资者关系工作的总体财务目标是什么？从各国对投资者关系的定义来看，这是一个有争议的问题。证监会的指引中提出投资者关系是为了提升上市公司治理水平和企业整体价值，实现尊重投资者、回报投资者、保护投资者目的的相关活动。由于代理问题和信息不对称问题的存在，投资者的利益和公司利益经常发生冲突，把两个相互冲突的目标并列，容易使从业者产生迷惑，例如到底哪个目标是更优先的呢？全美投资者关系协会（NIRI）2001 年以前在投资者关系的定义中指出投资者关系的目标是使企业实现价值最大化，但 2001 年以后，NIRI 对投资者关系的定义进行了修改，新的投资者关系的定义明确指出了投资者关系管理的战略目标是使企业的证券在公开市场上实现公平价值。将价值最大化改成公平价值，使从业者在兼顾资本市场投资者利益和公司利益时有了较明确的准绳。加拿大投资者关系协会（CIRI，2008）在对投资者关系的定义中去掉了有关公司价值或利益的描述，而把投资者关系定义为：投资者关系是公司的战略管理职责，综合运用金融、沟通和市场营销学等方法，实现公司与投资者之间有效的双向信息交流，帮助实现资本市场的公平和效率，并在对定义的进一步阐述中明确提出投资者关系不应单纯追求公司股价的最高而不顾公司的基本面。CIRI 的定义避开了投资者关系工作在财务上的目标，虽然看上去更加强调了投资者关系对资本市场这一宏观图景的意义，但显然容易让从业者忽视自己对于所在公司应承担的财务责任。

公司在投资者关系上的努力是否有助于公司达成其在证券公平价值上的目标呢？可能由于公平价值非常难以考量，以往文献对这个问题甚少研究。取而代之的是，很多学者对诸如投资者关系是否可以提升公司价值、是否可以降低权益资本成本等进行了实证研究。

在投资者关系水平对公司价值的影响方面，李心丹等（2007）针对深交所563家公司横截面数据的研究发现投资者关系管理水平与公司托宾 Q 值呈显著正相关关系，对于具有较高投资者关系管理水平的上市公司，投资者关系管理水平与托宾 Q 值的正相关性更加显著，这表明投资者关系管理能提升上市公司价值。Agarwal 等（2008）研究了获得美国《投资者关系杂志》最佳总体投资者关系奖的公司，发现这些公司在获奖后其股票能够在较长时间内持续地为投资人赚取超额收益，并且股票估值乘数也会提高，这些效果对于中小市值的公司尤其明显，对于大市值公司则不显著。但是也有学者提出了不同的观点。Banerjee 和 Coppa（2013）针对印度孟买交易所 BSE500 成份股的横截面数据研究发现，对于小市值和大市值公司，投资者关系水平与公司价值正相关，而对中等市值公司来说，平均水平的投资者关系是最好的选择，同时在不同的行业，投资者关系对公司价值的影响是不一样的，在油气和健康护理行业高水平投资者关系有助于提高公司价值，但是在金融、IT、房地产等行业，平均水平的投资者关系是最有利的。除了不同市值、不同行业的公司，投资者关系水平对公司价值影响不一，Peasnell等（2011）的研究发现，在美国市场丑闻频发的 2001～2002 年，投资者关系水平比较高的公司，其股价的衰落幅度并不比投资者关系水平一般的公司小，甚至表现还更差。

综合这些研究成果可以发现，虽然投资者关系与上市公司价值存在正相关关系，但是其关系可能不是线性关系，而更有可能是"S"形或其他关系，或者其正相关关系仅在一定条件下才能成立。

在投资者关系对公司权益资本成本的影响方面，马连福等（2008）以 99 家深圳上市公司横截面数据为样本，采用股利折现模型计算权益资本成本，结果发现投资者关系水平与权益资本成本呈现出显著的负相关关系。更直接的证据来自Chong（2013）的一项研究，他调查发现89%的机构投资者愿意为具有良好投资者关系的股票付出一个可量化的溢价，58%的机构投资者给出的溢价率为10%以上。但是也有学者得出了不同的结论。Botosan等（2002）以1985~1996年3623公司的面板数据为样本，采用股利折现模型，研究投资者关系活动对权益资本成本的影响。他们将投资者关系活动的评价分为三类：第一类，强制信息披露如年报数据的清晰性、完整性等；第二类，自愿信息披露如季报和新闻发布的清晰性、及时性、全面性等；第三类，交流活动如分析师的拜访、与高层的会晤和路演等。该研究发现在总体上投资者关系与公司权益资本成本之间没有关系，但上述关系中，第一类活动与公司权益资本成本负相关，第二类活动与权益资本成本正相关，第三类活动与权益资本成本无关。

考察公司价值和权益资本成本需要比较长时段的数据和比较复杂的测算，所以可以看成投资者关系职能的滞后指标。一些学者还从股票价格波动、分析师预测、股价波动等直观财务指标方面考察了投资者关系职能的作用，这些指标可以看成投资者关系职能的前导财务指标。

在投资者关系对分析师预测的效果和股票价格波动的影响上，现有研究结论存在分歧。Farraghe（1995）等发现投资者关系水平与分析师针对每股收益预测的离散程度呈负相关关系，但是与分析师预测的准确度没有显著关系，但是Bowen（2002）等的研究发现投资者关系中的电话会议可以提高分析师的预测准确度并降低离散度，Lang和Lundholm（1996）发现投资者关系中的信息披露也具有相同的作用。Botosan（2002）发现公司发布季报、即时新闻等，不但不会降低公司股票的波动，反而会提高其波动率。Bushee（2004）认为，投资者关系对于股价波动的影响来自两方面：直接影响和间接影响。直接影响应该是降低股价波动，因为投资者关系可以降低信息不对称，但是间接影响则不确定。高质量投资者关系会吸引快进快出型机构投资者，这类投资者的频繁交易将增加股票价格的波动性，同时高质量投资者关系也会吸引类指数型机构投资者，这类投资者则能减少价格的波动性。

在有些财务指标上，现有研究达成了比较一致的结论，包括投资者关系可以增加公司股票的交易量（Conger，2009；胡艳等，2010；Laskin，2011）、增加跟踪分析师的数量（Lang et al.，1996；Chang et al.，2008；Laskin，2011；Bushee and Miller，2012）、减小公司股票的买卖报价价差（Chang et al.，2008；Kosal，2010）、增加机构持股者的持股比例（肖斌卿等，2007；Chang et al.，2008；Bushee and Miller，2012）等。实际上，Brennan 和 Tamarowski（2000）认为，投资者关系水平之所以与公司的价值具有正相关性，是因为两者之间有三层因果关系：首先，有效的 IRM 能够降低分析师的研究成本，同时增加跟踪分析师的数量；其次，跟踪分析师数量的增加能直接降低交易成本，间接提高股票交易量，从而对股票流动性产生很重要的正面影响；最后，股票流动性的提高直接影响公司的资本成本，间接影响公司的股票价格，从而显著影响公司价值。另外 Bushee 和 Miller（2012）发现提高投资者关系水平可以扩大投资者的地域分布和增加媒体报道。

现有研究有关投资者关系职能的财务目标及可供考核用的指标，总结如表 6-1 所示。

表 6-1　投资者关系职能的财务目标及现有研究关于因果关系的结论

滞后指标	前导指标
公司价值（+、不确定）	跟踪分析师数量（+）
资本成本（-、不确定）	股票交易量（+）
	机构投资者持股比例（+）
	股票买卖报价价差（-）
	投资者的多样化（+）
	媒体报道（+）
	分析师预测的一致性（+）
	分析师预测的准确度（+、无关）
	股价的波动（-、不确定）

注：+表示与投资者关系水平正相关、-表示负相关。

6.3　投资者关系职能的顾客细分

按照平衡计分卡框架，为实现组织的财务目标，经理人应该对自己的顾客和市场进行细分，并且确定在这些细分市场上的绩效目标（Kaplan and Norton，1996）。

尽管"投资者关系"一词可能意味着投资者或者股东是这项职能的工作对象（泛指投资者关系工作中需要服务的人或某些人组成的群体，在平衡计分卡中被称为"顾客"），但从各国对投资者关系的定义和学者的研究来看，投资者关系的顾客范围要大得多。NIRI 将投资者关系的工作对象描述为财经界（Financial Community）及其他相关主体（Constituencies），中国证监会在定义中指出投资者和潜在投资者是投资者关系工作的工作对象。Mahoney（1990）认为投资者关系职能的受众分为 5 种：经纪（证券）公司分析师、机构投资者分析师、机构投资者投资组合经理、零售经纪人和个人投资者。Grobler 等（2005）则在受众中进一步加入了公司产品客户、公司员工和政府。从现代投资者关系职能的演变来看，投资者关系职能的顾客分为内部顾客和外部顾客两种。外部顾客包括各类分析师、财经媒体、个人投资者、机构投资者和政府及相关监管机构等，内部顾客则包括公司高层管理人员、董事会、公司雇员等（Bloomberg，2013）。在 Laskin（2009）的调查中，他发现机构投资者、分析师和内部顾客被投资者关系部门认为是最重要的三种顾客。

如同产品在市场营销前，应该对顾客进行细分并根据目标顾客群的偏好进行产品设计和营销推广一样，在与投资者及其代表打交道之前，企业应该对自己的目标资本市场有所了解以避免走弯路。例如，现在出现了一类新型的机构投资者，被称为社会责任投资者（Stock，1999），美国投资者责任研究中心于 1999 年 10 月发布的一份研究报告显示，20% 的联邦和市政养老基金撤出了对于烟草行业的投资。跟这样的投资者打交道，企业必须事先特别注意有关企业社会责任方面对自己的审视。

比较常用的进行市场细分的方法就是对自己的顾客进行分类。不同类型的顾客对公司证券表现的影响是不一样的，这些关系的确定，可以帮助企业根据自己的需求有的放矢地开展投资者关系工作，建立在顾客层面的平衡计分卡的指标。接下来我们讨论两类投资者关系最常打交道的工作对象——机构投资者和媒体。

6.3.1　机构投资者的分类及其对公司证券的影响

机构投资者可以按其法律身份分为保险公司、基金公司、信托公司、投资公司、投资顾问公司、证券经纪公司、QFII 等，不同身份的公司其投资目的和考核压力不同，进而可能会导致不同的交易行为，例如有些基金公司面临的短期业绩压力比较大，于是更注重短期行为，而投资公司（如伯克希尔哈萨维公司）更看重公司的长期增值潜力等。但由于法律身份的多样化和同一类别内公司投资行为的多样化，这种分类方法往往并不能十分全面地指导公司的实践。

机构投资者的代表最常见的是分析师（Mikhail et al.，2007）。传统中，投资者关系对于分析师通常分为卖方分析师和买方分析师（王宇熹、肖峻，2008）。卖方分析师通常受聘于经纪企业和券商的研究部门，研究报告公开发布，主要供机构和个人投资者使用；买方分析师主要在基金企业、保险企业、投资顾问企业等机构工作，研究报告主要供企业内部投资决策使用。投资者关系往往更加重视买方分析师。

与分析师沟通常常是企业高层的重要工作内容之一。但 Robert 等（2008）认为企业高管在与无关紧要的投资者的沟通上花费了太多时间，传统的分析师分类方法不足以指导企业的实践。他们将机构投资者按持仓期、投资组合集中度、参与决策的专业人员数量、平均交易量以及投资者对目标企业开展研究时所要求的详尽程度分为内在型（Intrinsic）投资者、技术型（Mechanical）投资者和交易商（Traders）。内在型投资者只有在对目标企业创造长期价值的内在能力进行严格的尽职调查后才会作出投资决策，他们的投资组合比较集中——其持有的每只股票平均占到其投资组合的 2%~3%，最高可能达到 10%，每位分析师负责的股

票数很少（4~10只企业股票），且持股时间长达数年，内在型投资者持有美国
股市20%的资产。技术型投资者包括由计算机运行的指数基金和用计算机模型来
指导交易的投资者，他们根据严格的标准或规则做出投资决策（如购买具有低市
盈率的股票，或购买不超过特定规模的企业股票），每一位专业投资人员平均要
管理100~150只股票，因此他们不可能对所有投资企业进行深度研究，美国股
票总资产的32%左右为各种纯技术型投资基金所持有。交易商团队中的专业投资
人员寻求短期财务收益，他们在新闻消息上押宝，每位专业投资人员平均要跟踪
20只或更多股票，并且快速地买入卖出，以求在短期内（可短至数日乃至数小
时）获取小额收益，交易商控制着美国大约35%的股票资产。Robert认为内在价
值型投资者一旦投资，就会支持当前的管理层和企业战略，度过短暂的动荡期之
后，会对企业的内在价值与其市值趋于一致产生重大影响。这种影响是立竿见影
的，因为一旦他们进行交易，其交易量会很大。

　　Robert等的研究是建立在对各种类型投资者访谈的基础上的，而Bushee等
从实证角度出发也论证了这个问题。他按照投资者持股时间长短和单个股票持股
的规模，将机构投资者的交易数据进行聚类分析（Bushee and Noe，2000；Bush-
ee，2001；Bushee，2004），将机构投资者分为快进快出型（"Transient"，持股
时间短，单个股票持股规模小，占机构投资者的31%）、专注型（"Dedicated"
持股时间长，单个股票持股规模大，占机构投资者的8%）和类指数型（"Qua-
si-indexer"持股时间长，单个股票持股规模小，占机构投资者的61%）投资者。
各种类型的投资者对公司股票的影响是不一样的，快进快出型投资者在提高股票
流动性的同时，也会加大股价波动的风险。专注型投资者和类指数型投资者可以
降低股价的波动风险。

　　Bushee和Robert等的研究的意义在于，公司可以根据投资者关系的目标定
位自己的顾客细分，例如按照Bushee的研究，如果公司希望降低股价的波动风
险，则应将专注型投资者和类指数型投资者定为自己的主要顾客；而按照Robert
的研究，为了使公司价值尽量靠近公平价值，投资者关系的工作重点应该是内在
价值型投资者。

6.3.2 媒体对公司证券和投资者的影响

媒体关注度可以显著影响公司证券在市场上的表现。张雅慧等（2012）通过研究发现媒体报道的数量与投资者的关注程度呈显著正相关关系，从交易行为上来看，媒体报道更多即投资者关注度更高的股票获得了更多的交易资金、其成交量也显著高于关注度低的股票。Engelberg 和 Parsons（2011）发现地方媒体报道和地方交易量紧密相关，媒体报道与成交量的时间效应非常显著。徐莉萍、辛宇（2011）发现在中国 2006～2009 年发生的股权分置改革中，媒体关注程度越高，其所要求的实际股改对价就会相对较低。张雅慧等（2011）的研究发现媒体报道与 IPO 抑价率呈正相关关系。①

但是也有研究发现媒体报道不总是为公司证券带来正面效应，例如 Ferguson 等（2011）的研究发现媒体报道多的股票，收益率会比较低，而且，报道非常广泛的股票，投资者更有可能对媒体消息反应过度，尤其是对于大公司的股票。还有学者发现不同类型的新闻可能对股价带来不同的影响。Beatriz 等的一项研究（2010）发现新客户、收购、长期战略决策和联盟方面的新闻可以提高股价，但新产品或产品升级方面的新闻则可能降低股价。

在上述大部分研究中，媒体都被视为一个整体，但是媒体显然也可以分为各种不同的类型，尤其是随着网络的发展，媒体类型正在变得非常丰富。Miller（2006）研究发现媒体的内容可以分为两种：一种是重述其他信息中介的内容，例如分析师的观点、诉讼或者审计师的声明等；另一种是媒体自己做的深度分析，财经相关媒体主要发布第二种内容，而非财经媒体主要是进行重述工作。Blankespoor 等（2010）研究发现通过新型社交媒体发布新闻信息后，传统媒体报道比较少的企业的证券信息不对称情况可以得到明显改善，其流动性也会显著提高。

尽管机构投资者、个人投资者甚至政府都使用媒体信息作为其重要信息来源

---

① IPO 抑价（IPO Underpricing）是指首次公开发行的股票，其上市首日的收盘价远高于发行价，从而使首日收益率超出市场平均收益的现象。

（李心丹等，2006），但是相关研究发现媒体报道对个人投资者的影响尤其显著。Kalay（2015）的研究发现非专业投资者更喜欢投资于新闻发布比较多和投资者关系活动活跃的公司，而大部分个人投资者都是非专业投资者。Davis（2006）的调查发现财经媒体和分析师联系密切，但财经媒体对个人投资者的影响更加强烈，个人投资者在英国资本市场上持股比例的下降（15%以下）可能导致了财经媒体在投资者关系顾客中地位的下降。媒体对投资者的作用，一方面可以影响到投资者怎么想从而直接影响其决策，另一方面可以影响到投资者关注什么和其日程安排（Agenda Setting）。

表6-2总结了本节的内容并提出了投资者关系职能在顾客层面上可选的绩效评价指标。

表6-2 投资者关系职能顾客细分、对公司证券的影响和绩效衡量指标

顾客类型		对公司证券影响	职能绩效可选指标
机构投资者、分析师	快进快出型投资者	股票流动性（+）、股价波动（+）	增加或减少持股比例
	类指数型投资者	股价波动（-）	持股数量
	内在价值型投资者	股票价值（+）、股价波动（-）	提高持股比例、增加持股时间
媒体		流动性（+）、非专业投资者（+）、投资者对消息过度反应（+）	媒体报道数量、频率和媒体覆盖面
个人和中小投资者（非专业）		流动性（+）、不确定	增加或减少持股比例、满意度调查等
政府和监管机构		法律和监管后果	合规、评比成绩
内部顾客：董事会和高级管理层		多方面	内部顾客评价

注：+表示正相关关系、-表示负相关关系。

6.4 投资者关系职能的内部工作流程

在平衡计分卡的内部工作流程层面，经理人确定组织应该出色完成的内部流

程（Internal Process），尤其是根据目标市场的需求，创新、提供符合细分顾客价值诉求的产品和服务（Kaplan and Noron，1996）。为此我们首先需要对投资者关系产品进行分类，其次确定各投资者细分市场对不同类别投资者关系产品的需求情况，以确定不同顾客的价值诉求并使投资者关系职能可以根据自己目标顾客的需求提供相应的产品，最后将讨论投资者关系产品质量的评价指标，进而建立内部工作流程层面的平衡计分卡。

6.4.1 投资者关系产品细分

本研究中将投资者关系职能向内部、外部顾客提供的所有服务和产品以及所做的工作统一称为投资者关系产品。Lang 和 Lundholm（1993）、Bushee（2001）、Bosotan（2002）等在研究中，均沿用了 AIMR（Association for Investment and Management Research，美国投资管理研究学会）的公司披露工作排名数据库中对投资者关系产品的分类，将投资者关系产品分为三种类型：①年报披露，主要是年报、10K 文件等；②中报披露，主要是半年报、10Q 等；③投资者关系活动，指面对面交流和会议等。随着投资者关系的发展，工作内容和工作方式变得越来越丰富，上述分类显然已经不能覆盖投资者关系工作的所有内容。Laskin（2009）在调查中将投资者关系产品分为 10 种，调查结果发现这些产品按从业者所花费的时间多少打分排列如下：

（1）路演、演讲和会议。

（2）回复来自股东、分析师和证券经纪的问询。

（3）为高层或其他部门提供信息。

（4）一对一会议和谈判磋商。

（5）持股人研究和分析。

（6）报告准备（年报或其他报告）。

（7）合规方面的工作。

（8）可控媒体信息发布（网站、邮件列表、时事通信和其他公司媒体）。

（9）证券首发或增发等。

（10）大众传媒沟通。

实际上即使按这种划分方式，也不能完全覆盖目前企业在实践中所提供的所有投资者关系产品。冯彦杰、徐波（2014）发现在公司网站投资者关系栏目中，条目的类型已经达 80 多种。

结合上述研究，并为下文讨论方便，本研究将投资者关系向外部顾客提供的产品按照标准化程度分为三种：标准化产品、半标准化产品和个性化产品。

标准化产品：主要是法定信息披露，所有上市公司都需要按照监管部门的要求提供这种产品，所以标准化程度非常高。但需要注意的是，即使是这类信息，也不是百分百标准化的，例如披露质量有高低，设计的美观程度有差异，可读性不同等。美国证券监管委员会 2003 年进行的一项针对《财富》500 强企业的调查发现，投资者认为这些公司的年报中最需要改善的部分是管理层讨论和分析（MD&A）部分（Laskin，2011）。AIMR 评价数据库中的年报信息可以归为此类产品。

半标准化产品：如半年报、季度信息披露和其他自愿信息披露包括新闻发布、业绩发布会及其随后的问答环节、营运信息发布、PPT 文件、EXCEL 文件、投资者问答汇总、时事通讯和投资者关系通讯刊物、各种会议的网络直播和录播、新型社交媒体上的信息发布等。半标准化产品提供与否取决于公司的政策，一旦公司政策确定会提供这些服务和产品，通常就会定时或者不定时按照一定的方式，通过较固定的渠道发布、提供或更新，所以称为半标准化产品。半标准化产品有些公司会提供，有些公司则不提供。半标准化产品大多为常规性的自愿信息披露或者其他股东服务产品。AIMR 评价数据库分类中的半年报信息可以归为此类产品。

个性化产品：主要特征是具体情况具体分析，同时互动性比较强，所以称为个性化产品。如在投资者交流会议上发表演说、回答投资者问询、CEO 或 CFO 接受访谈、拜访各种投资者、网上路演或现场路演、一对一会议等。AIMR 评价数据库分类中的投资者关系活动可以归为此类产品。

除了上述分类方法以外，也有学者把网络投资者关系作为一种单独的投资者关系产品大类进行研究（郝辰和李，2005；Bollen et al.，2008；冯彦杰和徐波，

2014）。网络投资者关系（WIR）泛指上市公司通过因特网络（INTERNET）开展的各种形式的投资者关系相关信息的披露与交流的活动。随着网络的普及与发展，上市公司在网络上开展投资者关系活动的现象越来越普遍，常见形式包括公司在其对外网站上开展的投资者关系工作、公司在指定第三方网站上开展的投资者关系工作、在其他各种网络媒体（如微博、微信、博客等）上进行的投资者关系相关活动以及公司利用网络的各种功能如电子邮件散发等开展的投资者关系活动等。仔细审视网络投资者关系的内容可以发现，按标准化程度划分产品的方式同样适用于网络投资者关系，网络投资者关系的条目和内容都可以归类为标准化程度不同的三种产品之一。

6.4.2 机构投资者产品偏好

现有研究发现不同类型的机构投资者，其产品偏好是不同的，因而投资者关系职能可以通过改变产品、提供组合，来吸引不同类型的投资者。

Robert 等（2008）发现内在型投资者只有在对目标企业创造长期价值的内在能力进行严格的尽职调查后才会做出投资决策，其中包括多次与公司管理高层甚至是各部门领导的接触等。由于技术型投资者的决策方式无法真正采用定性决策标准（如管理团队的实力或企业战略的优势），因此投资者关系不能影响这些投资者。交易商团队密切跟踪关于企业或行业的新闻，并且经常与企业直接接触，寻求可能在短期内产生重大影响的微妙变化或洞见。不过，此类投资者的每位专业投资人员平均要跟踪 20 只或更多股票，因此，企业高管没有理由在交易商身上花费时间。基于上述的研究，Robert 等（2008）认为首席执行官或首席财务官应该只花时间与最重要且相关知识最丰富的内在型投资者沟通，这些投资者配备有专门研究目标企业所在行业的专业人员。内在型投资者作出了大量努力来了解目标企业，因此不要将对企业战略和业绩的讨论简化为对新闻媒体或交易商发布的简讯。企业管理层还应对企业当前的业绩及其与企业战略的关系等相关详情持开诚布公的态度。如果企业能集中精力与这些内在型投资者沟通，则很可能在较短的时间内获得较大的影响力。其余类型的投资者则可由投资者关系部门提供服务即可。

Bushee（2001）发现快进快出型投资者对投资者关系中的半标准化产品和个性化产品非常敏感，类指数型投资者对标准化产品和半标准化产品敏感，专注型投资者则对这些产品都不敏感，因为凭借对标的公司的投资规模，他们可以获得内部的消息渠道，例如董事席位。

Chong（2009）从另一个侧面印证了 Bushee（2004）和 Robert 等（2008）的研究，他在对新加坡 27 家机构投资者的调查中发现，机构投资者对上市公司信息更新频率具有不同的偏好，其中 55% 希望季度信息更新，18% 倾向于半年信息更新，还有 16% 倾向于月度信息更新。

有学者提出以专业性（Sophistication）来区分不同的投资者及其需求，专业性与否的衡量方式包括每单交易额大小（Mikhail et al.，2007）和在投资方面花费的时间和精力，以及在分析投资相关信息方面的专业能力（Kalay，2015）等。Kalay 研究了投资者的专业性与信息需求偏好之间的关系，发现专业投资者更喜欢发布业绩前瞻性数据的公司，公司信息披露政策的改变可以改变其投资者的组成，提高业绩前瞻数据发布将吸引更多的专业投资者，反之则会减少；非专业投资者更喜欢投资于新闻发布比较多和投资者关系活动（指投资者关系产品中的个性化产品）活跃的公司。

上述研究的意义在于，公司可以通过调整自己的投资者关系产品，吸引不同类别投资者，例如为了吸引内在价值投资者，公司高层需要特别抽出精力与这种投资者进行详细的沟通，从而需要提高个性化产品的提供。为了吸引专业投资者，可以发布一些具有前瞻性的数据等。

6.4.3　媒体的公司信息偏好及其与投资者关系的互动

从现有研究来看，上市公司影响媒体的能力取决于三个方面：一是上市公司的公共关系活动的强度；二是公司规模和所处行业；三是是否聘请公关或者投资者关系顾问公司。

Davis（2006）发现上市公司非常容易影响到财经媒体，他访谈的财经界人士估计《金融时报》50%以上的文章与公司公共关系活动有联系，但财经媒体并不是对所有的公司都同样感兴趣。他认为大公司、明星行业（如在英国，生物制药公司和IT公司）更容易获得媒体的关注，小公司只有在被并购或者发生重大危机的时候才容易得到媒体的关注。Miller（2008）也认为，对于中、小规模的公司，记者挖掘其负面报道的兴趣最大，所以管理好公司信息至关重要。

对于中小公司，提高媒体关注度和增加媒体报道的一个可行的办法是聘请专业的公关顾问公司或者投资者关系顾问公司。Bushee 和 Miller（2012）发现美国中小公司在聘请了专业的投资者关系顾问公司后，其媒体报道量会显著增加。另外，网络信息技术的发展可能会给预算紧张的中小公司提供更经济的媒体途径，Blankespoor 等（2010）发现通过 Twitter 发布新闻信息后，传统媒体报道比较少的企业的证券信息不对称情况可以得到明显改善，其流动性也会显著提高。

6.4.4 内部顾客需求

投资者关系管理中的信息沟通不仅仅是企业向投资者披露信息，还包括将投资者对企业的判断、看法和意见建议等反馈给公司管理层，因而投资者关系中的信息是双向的。现在，投资者情报已经成为投资者关系工作中一个重要的组成部分，对企业的重大决策往往具有不可忽略的影响。Bloomberg（2013）的一项研究发现，参与公司战略制定、分析竞争对手情况、收集和分析投资者对公司的看法并向高层汇报成为越来越多的投资者关系人员的工作内容（Bloomberg，2013）。NIRI（2004）制定的投资者关系实践规范中指出投资者关系对内的职责主要有三个：参与公司战略制定并清楚公司战略的任何变化、向高层管理和董事会提供市场情报、向高层通告公开披露信息。

表6-3总结了投资者关系各类顾客的产品偏好。有关投资者关系顾客的产品偏好方面的大部分研究成果，特别是关于机构投资者和媒体的研究，都是基于美国等发达资本市场的数据的结果，在国内环境下这些结论是否成立还有待研究和检验。

表 6-3　各种顾客的投资者关系产品偏好

顾客类型		产品和服务偏好
机构投资者、分析师	快进快出型投资者	半标准化产品（比如季报、新闻、即时信息等）
	类指数型投资者	高质量标准化产品（比如年报质量）半标准化产品
	内在价值型投资者	个性化产品（比如面对面交流）
媒体		大公司信息、企业公共关系产品、中小公司并购和负面信息
个人和中小投资者（非专业）		半标准化产品、个性化产品、媒体报道
政府和监管机构		合规
内部顾客：董事会和高级管理层		竞争对手分析、战略制定支持、持股人分析

6.4.5　投资者关系产品质量评价

有一些机构常规性地开展上市公司投资者关系评选或信息披露质量评价，为我们评价投资者关系产品质量提供了丰富的信息，如深交所公司信息披露考核结果、路透社投资者关系评选、IR 杂志每年的评选结果、AIMR 的评价数据库等。但相关机构的评价结果大多是建立在分析师和机构投资者对各公司打分的基础上，这些打分的依据往往非常笼统。例如 IR 杂志（2012）的打分依据中，有关投资者关系产品的指标只有三个：公司资料（Corp Literature）、技术运用和会议。

另外学术界也从不同的角度提出了比较详尽的投资者关系产品质量的评价指标。

李心丹等（2006）提出，对投资者关系中的沟通关系的评价，可以从沟通渠道易达性、响应速度、问询反馈效果、互动性指标四个方面进行评价。沟通渠道易达性指公司提供的 IR 沟通渠道是否全面和畅通；响应速度包括传真、邮件回复速度和网络主页的更新速度；问询反馈效果指股东大会问答效果等；互动性指标指是否和管理层及时沟通并影响到管理层决策等。对于投资者关系中的信息披露质量，可以从完整性、可信性和及时性三个方面进行评价。其中，完整性从公司战略规划信息、公司治理结构和财务信息披露三个方面进行信息披露评价；可信性从审计意见和监管机构的意见进行评价；及时性则从重大信息网络披露速度进行评价。

标普（S&P）（Patel et al.，2002）为了考察世界各地上市公司的信息透明和披露水平，建立了一套包含 98 个要素指标的评价体系，用以评价上市公司年报。该评价体系从所有权结构和投资者权益、财务透明度和信息披露、董事会结构和流程三个方面评价年报信息披露的完整性，对于投资者关系产品中的标准化产品的评价具有重要的参考价值。

IR 杂志（2012）发现欧洲公司最常使用的评价投资者关系职能的指标为：来自投资界的正式反馈、一对一会议的数量、是否有效利用了高层管理的时间、证券估值和股票表现、跟踪分析师数量。这个调查还发现，欧洲公司平均每家一年进行 11.8 次路演，207 次一对一会议（其中的 46% 有高层管理在场），以及 7 次投资者会议，且这些个性化产品的数量均与公司规模呈正相关关系。

关于网络投资者关系，冯彦杰、徐波（2014）建立了一个包含 7 大类 76 项指标的评价体系，用以衡量不同国家和地区上市公司网络投资者关系水平。7 大类指标分别是公司概况，公司治理，用户便利工具与设置，财务与运营信息披露，股票信息，业绩、新闻与其他会议发布，股东服务。他们同时还提出信息的完整性、便捷性和友好性、实时性、精确性、公平性、为股东服务的导向可以作为评价网络投资者关系水平的定性指标。

表 6-4 总结了现有研究提出的与投资者关系向外部顾客提供的产品的质量评价相关的指标。

表 6-4　各类投资者关系外部产品的评价指标

产品分类	定量指标	定性指标
标准化产品	要素数量（可参考标普指标体系）	完整性、可信性、及时性、友好性、投资者评价
半标准化产品	网站条目数量、信息发送和更新频率、投资者会议数量	信息的完整性、便捷性和友好性、实时性、精确性、公平性、为股东服务的导向、投资者评价
个性化产品	路演、一对一会议数量、问询响应速度	沟通渠道易达性、投资者评价

6.5 学习与成长层面：人员、系统、组织规程

平衡计分卡的第四个层面是学习和成长，确定组织需要建设的基础条件（Infra-structure），以创造长期的增长和改进（Kaplan and Norton，1996），这些基础条件来自三种主要资源：人员、技术和信息系统、组织规程。

6.5.1 人员

有关投资者关系职能人员的研究目前大多是来自欧美的描述性的研究，涉及投资者关系职能人员的数量、在公司结构中的位置、教育背景和技能等。

Laskin（2012）综合其他人的研究发现，美国上市公司中 IR 职能平均有 2.5 个员工，范围则从 1 个人到最高 15 个人不等。英国金融时报指数成份股 FT-SE100 公司中，IR 职能员工人数平均为 3 个，其中 25% 的公司只有一个。在欧洲大陆，DAX 指数公司和 CAC 指数公司中，IR 职能员工人数平均为 8.2 个。

在美国，大多数上市公司有独立的投资者关系部门（56%），或者将 IR 职能放在融资或证券部（28%），或者在沟通/公共关系部门（9%）。投资者关系官中 62% 向首席财务官汇报，21% 向首席执行官或总裁汇报。欧洲的情况基本相似。

在投资者关系沟通中需要综合运用金融、营销和战略管理的方法。这就要求投资者关系管理人员需具备良好的知识结构，熟悉金融证券、公司治理、财务会计、战略管理等专业知识，并了解相关法律法规和证券市场的运作机制，具有良好的沟通和协调能力（Laskin，2012）。可见投资者关系管理人员具有较高的素质和能力要求，而且到目前为止还没有相关学位是专门为这种职能设计的。Heffes 等 2008 年的一项调查发现，在美国 60% 以上的投资者关系官具有 MBA 学位和注册会计 CPA 证书，约 43% 的投资者关系官的年收入在 30 万美元以上。Laskin（2009）的调查也发现美国 69% 的投资者关系官具有研究生学位，73% 来

自金融、会计等企业管理相关专业，7%来自公共关系、新闻学等相关专业，15%则来自工程、化学、航空学、法律、文学、心理学等其他专业，6%的人拥有企业管理和沟通两种专业背景。Laskin发现具有金融和沟通双专业背景的投资者关系官更加注重战略信息和长期目标，从而可以更好地履行职责。

6.5.2 技术和信息系统

随着网络的普及与发展，投资者希望上市公司深入利用网络的特性，为投资者提供便捷的服务。

IR杂志2012年针对亚洲机构投资者的调查发现，投资者希望上市公司在投资者关系技术相关领域的如下三个方面有所提高：投资者关系网站（上市公司网站投资者关系栏目），包括网络广播和交互式的年报；移动IR，例如智能手机的应用和新型社交媒体；IR延伸（Outreach）服务，例如视频会议和电子邮件通告。此外，73%的投资者希望上市公司在网站上投入更多的资源；2/3的投资者和分析师超过70%的时间是在电脑前度过的，使上市公司的网络广播有很大的市场，对视频会议的需求也在增加；57%的投资者和分析师平均一个季度至少要观看一个网络广播。

同时该调查发现，获得IR杂志亚洲投资者关系评选前25%的很多公司在过去的一年里采取了一些升级的IR技术手段，包括IR网站的交互式财务表格、IR网站的移动版本、公司介绍的演示幻灯片、制作公司业务介绍的录像等。这个调查告诉我们IR技术的升级或许能够提高投资者对公司投资者关系的评价，但是相关效果还需要进一步的研究才能确定。

6.5.3 组织规程

投资者关系职能能否顺利开展自己的工作，组织规程具有很大的影响。

首先，公司应该赋予投资者关系职能接触和获得信息的能力。IR杂志2012年针对亚洲机构投资者的调查发现，大部分投资者认为上市公司的投资者关系职能不能提供他们所需要的信息，其原因在于投资者关系职能人员自己也没有这些信息，这迫使投资者和分析员不得不寻求接触上市公司的高级管理层，以获得所需信息。这说明在很多公司，内部组织规程并没有给投资者关系职能提供足够的支持。NIRI（2004）在其投资者关系工作规范中也提到了这一点，强调公司投资者关系官必须拥有接触公司高层的权力。

其次，投资者关系职能应该建立严格且正式的信息披露内容审批流程，并建立完整的信息披露记录。NIRI 强调投资者关系人员拥有公司战略、预算、预测和不同部门的信息（如并购和剥离等）并不意味着发言人可以随意与投资界讨论这些信息，只有得到 CEO 或其他这方面的负责人的批准，并且在符合公司披露政策的前提下，才可以发布。Bollen 等在研究（2008）中提出了两种可能影响网络投资者关系质量的组织规程：①披露信息的内容管理；②批准流程的正式程度。他通过案例研究发现有的高投资者关系水平的公司拥有非常正式的批准流程，内容涵盖监控信息发布的时点、有效性和来自用户的反馈。他同时指出组织规程对投资者关系水平的影响尚有待研究。NIRI（2004）提出投资者关系官应该对所有披露过的重大信息保持记录，培训或者通告给在投资者会议或电话会议中负责发言的高级管理层，哪些信息发布过，哪些信息没有发布过，以防止出现选择性信息披露或者无意中披露的情况。

最后，公司应该制定信息披露或者投资者关系工作政策。NIRI（2004）建议公司制定正式的信息披露政策，以规范投资者关系工作，并提供了一个样本，其中包括重大信息的定义、信息披露管理机构设置、发言人制度、新闻发布政策、投资者会议和电话会议、前瞻性信息发布、与分析师和媒体接触的原则、静默期制度等内容。中国很多上市公司都建立了相关制度。

6.6　总结：基于平衡计分卡的投资者关系职能模型、现有研究不足和未来研究展望

投资者关系职能作为上市公司和财经界沟通的桥梁，是上市公司中普遍存在

的职能，其对于提高上市公司透明度，建立一个公平、公正、公开的资本市场具有重要的意义，同时对于上市公司实现公平的证券价值也至关重要，但是现有的研究还显得非常不足。

本研究回顾已有研究成果，按照平衡计分卡的框架，总结了投资者关系职能的财务目标、顾客，内部流程和学习与成长四个层面中的一些重要方面和相互之间的影响关系。基于这些回顾与总结的主要内容，可形成如图 6-1 所示的投资者关系职能的平衡计分卡模型。图中实线箭头为现有研究已经证实的影响关系，虚线箭头为研究尚不充分或者现有研究尚未达成一致的影响关系，"+"表示正相关关系，"-"表示负相关关系。

以平衡计分卡的框架考察投资者关系职能，在国内外的研究中属于首次。从考察结果来看，平衡计分卡框架能够很好地厘清投资者关系职能的内部活动与外部市场的因果联系、日常工作和总体目标的因果联系，并且能从平衡现有状况和改进发展、财务指标与非财务指标的角度来建立公司战略导向的投资者关系职能。从国内的现有研究来看，本研究的开创性还在于从顾客细分、产品细分和顾客对细分产品偏好的角度，以文献综述的方法考察了投资者关系活动的因果关系和效率，为投资者关系职能的研究打开了新的视角，并为投资者关系职能的实践提供了一定的参考。

基于投资者关系职能的平衡计分卡模型，对于现有研究的总结及其不足的分析以及对于未来研究的展望如下：

6.6.1 财务目标层面

关于财务目标层面，现有研究成果比较丰富，实证研究了投资者关系水平和多项财务指标之间的关系，本研究将这些指标总结归类为滞后指标和前导指标（见图 6-1）但现有研究中滞后指标、前导指标和投资者关系之间的因果关系有些尚不明确，甚至有些研究结论还相互矛盾，例如有的研究认为投资者关系水平与权益资本成本成反比，有的研究认为两者无关。

按照平衡计分卡理论，处于不同发展阶段的公司，其目标或某项职能的目标

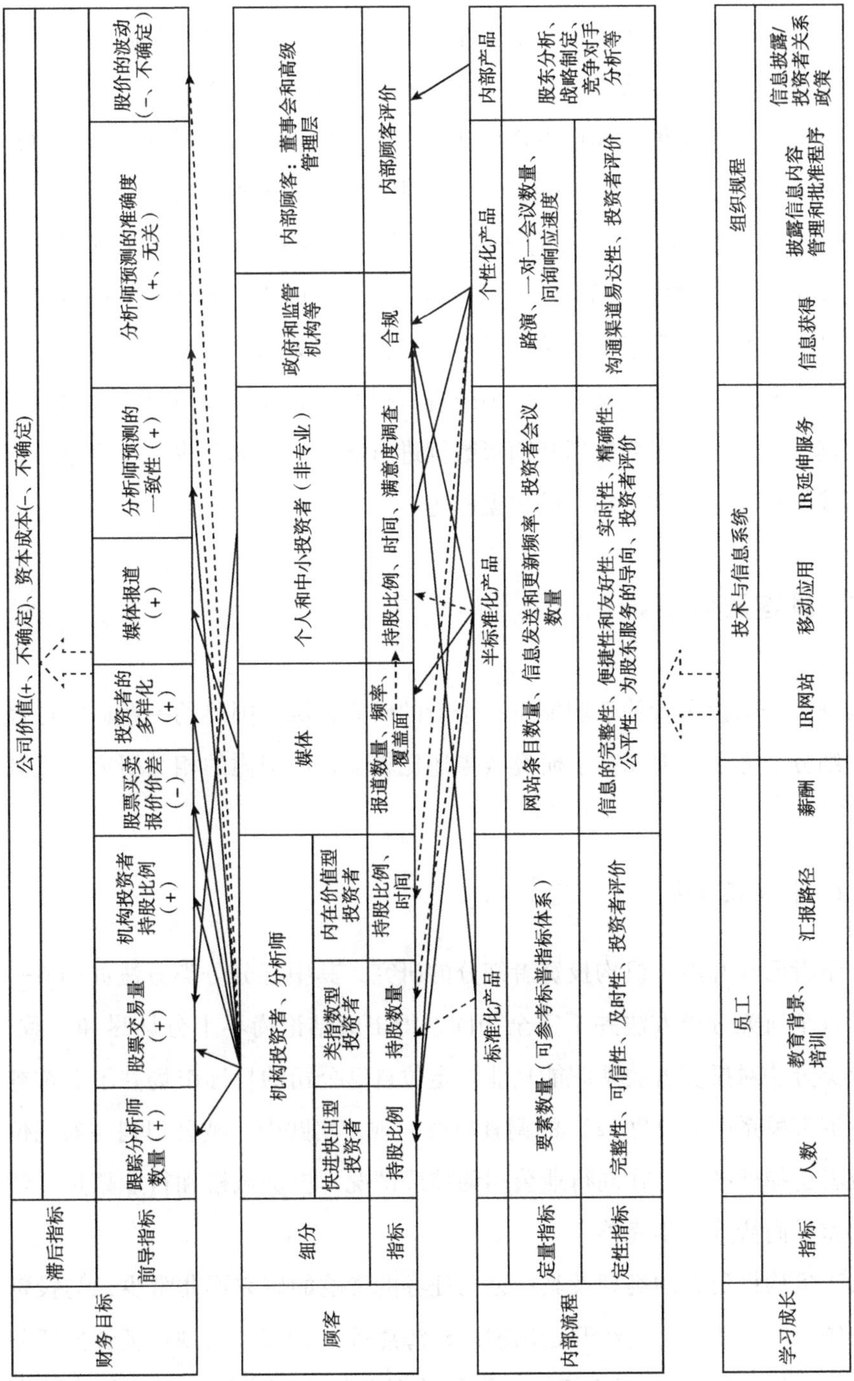
财务目标
滞后指标
公司价值(+、不确定)、资本成本(-、不确定)
前导指标
跟踪分析师数量(+)
股票交易量(+)
机构投资者持股比例(+)
股票买卖报价价差(-)
投资者的多样化(+)
媒体报道(+)
分析师预测的一致性(+)
分析师预测的准确度(+、无关)
股价的波动(-、不确定)
顾客
细分
机构投资者、分析师
快进快出型投资者
类指数型投资者
内在价值型投资者
媒体
个人和中小投资者(非专业)
政府和监管机构等
内部顾客：董事会和高级管理层
指标
持股比例
持股数量
持股比例、时间
报道数量、频率、覆盖面
持股比例、时间、满意度调查
合规
内部顾客评价
内部流程
标准化产品
半标准化产品
个性化产品
内部产品
定量指标
要素数量(可参考标普指标体系)
网站条目数量、信息发送和更新频率、投资者会议数量
路演、一对一会议数量、问询响应速度
股东分析、战略制定、竞争对手分析等
定性指标
完整性、可信性、及时性、投资者评价
信息的完整性、便捷性和友好性、实时性、精确性、公平性、为股东服务的导向、投资者评价
沟通渠道易达性、投资者评价
学习成长
员工
技术与信息系统
组织规程
指标
人数
教育背景、培训
汇报路径
薪酬
IR网站
移动应用
IR延伸服务
信息获得
披露信息内容管理和批准程序
信息披露/投资者关系政策

图 6-1　投资者关系职能平衡计分卡模型

应该是有所差异的，应用到投资者关系职能上，不同规模、处于不同行业、不同的资本需求阶段和不同的市场境况下的上市公司，其投资者关系的目标应该是有所不同的。研究结论的分歧或许正是公司内外部环境的多样性即企业异质性的体现。有关投资者关系的价值和作用方面的研究理论，应该在企业异质性方面更加丰富，才能够满足处于不同情境下的上市公司的实践的理论指导需求。

除了结论不一致的问题外，现有研究中还有一些关键的问题尚未解答，例如，投资者关系的核心财务目标是使公司证券获得公平价值，那么如何衡量公平价值？投资者关系是否有利于公平价值的实现？投资者关系水平和公司价值不是线性关系，那么其关系的特性是什么？另外现有研究，尤其是国内研究大多只用了横截面数据，利用时间序列数据和面板数据进行研究的还非常少，今后这方面的研究也应该加强，包括建立相应的数据库等。

6.6.2　顾客层面

从顾客细分分析投资者关系职能是一个新的研究领域，国外的一些研究已经提出了一些细分的方法，但总体上研究成果还比较少，而国内的相关研究则尤其匮乏。

6.6.2.1　机构投资者

国外的学者已经开展了机构投资者细分的研究，其中部分分类方法如图 6-1 所示。但是各个研究分类方法并不完全相同，得出的结论尚不十分详尽和一致，并且学术分类方法对投资者关系职能从业者定位自己公司的目标市场并不非常容易使用。投资者关系杂志（2012）的调查研究发现，实践中，被公司列在前三位的机构投资者选择标准是：在同行业公司的持股情况，投资风格和行业聚焦。学界和实践的差异尚待进一步完善。

国内关于机构投资者的类型及其对公司证券的影响的研究还非常少，与投资者关系相关领域的一些研究已经开始出现。杨海燕等（2012）发现：证券投资基金、保险公司、社保基金和 QFII 等持股不影响财务报告可靠性，但能提高信息披露透明度；一般法人持股降低了财务报告可靠性，特别是加大了公司向下盈余的管理程度，但不影响信息披露透明度；信托公司持股既不影响财务报告可靠性，也不影响信息披露透明度。刘京军、徐浩萍（2012）将投资者分为长期投资者和短期机会主义投资者，短期机构投资者的交易变化导致加剧了市场波动，而长期机构投资者对稳定市场具有一定的作用。这类研究为中国机构投资者的分类及其对上市公司的影响打下了一定的基础。

6.6.2.2　媒体

国内外研究都发现媒体对于公司证券有显著影响，同时国外研究发现媒体对公司证券的影响有正面也有负面，而且媒体对个人投资者的投资行为的影响尤其显著。国内相关的研究目前还不够深入和丰富。

中国市场上个人投资者持股比例和交易量占比都明显高于国际发达资本市场水平（2012），媒体关系在投资者关系中应该占据重要地位。但是国内关于财经媒体、投资者和公司投资者关系之间的互动和因果关系的研究还非常少，急需加强。未来的研究方向可以包括：媒体类型和投资者媒体偏好，媒体报道影响投资者行为的渠道、效果衡量及其机理等。

6.6.3　内部流程层面

内部流程层面的研究主要解答不同类型投资者对投资者关系产品的偏好和不同类型产品的质量评价。为此本研究首先以标准化程度的不同，将投资者关系职能向外部顾客提供的产品划分为标准化产品、半标准化产品和个性化产品，然后在此分类的基础上探索了投资者关系职能不同顾客的产品偏好和各种产品的质量评价。

在机构投资者的产品偏好方面，国外的研究实证或调查分析了不同类型投资者的产品偏好。但国外的研究由于分类方法不一致并没有形成统一的结论，国内这方面的研究则非常匮乏，有待进一步加强。

在媒体的产品偏好方面，国外研究已经发现了一些规律，但是有关媒体与投资者关系互动的机理的研究尚不多见，这可能是因为媒体关系在公司分工中传统上是由公共关系部门负责的（Grobler et al.，2005），且有关公司和媒体之间的互动关系的研究比较少。但是鉴于媒体对个人投资者的显著影响，以及我国个人投资者持股和交易量在资本市场上的重要地位，国内这方面的研究有必要加强。

在投资者关系产品的质量评价方面，国内外的研究虽然已经建立了一些定量和定性的评价指标，但从企业绩效和平衡计分卡的考核角度来看，企业可能更关心实现各种投资者关系财务目标所需投入的资源。例如，为了增加股票的流动性，从已知的因果关系看，企业可以通过增加提供半标准化产品来吸引快进快出型投资者，也可以通过购买公共关系公司的服务而扩大媒体覆盖率，或者通过新型媒体定向和不定向发布信息，但是各种方法所花费的时间、费用和效果大小可能差异很大，工作重点究竟放在哪里，取决于企业对目标实现的急切程度以及公司对各种措施产生效果的预估和费用的预算等，而有关费用、效果大小和所需要的时间等方面的研究目前还没有，所以从指导企业实践的角度看，这方面的研究还亟待加强。

总体上，从投资者关系职能的内部工作流程层面来看，现有研究关于内部流程与外部顾客之间的因果关系尚未达成一致的结论，国内的研究尤其缺乏。未来的研究方向可以包括顾客对各类投资者关系产品的偏好的实证和调查研究，投资者关系与各类媒体之间的相互影响及其机理的研究，新型社交媒体在投资者关系中的作用研究，网络投资者关系作为一种投资者关系的特殊形式对投资者的影响等。

6.6.4　学习与成长层面

学习与成长层面从人员、技术与信息系统和内部规程方面考察企业为投资者关系职能提供的基础条件。

在人员方面，国外从描述性研究的角度提供了投资者关系职能的人员状况。虽然人员是提供高质量投资者关系产品的最重要的条件之一，但是有关人员背景、培训和公司投资者关系产品质量之间的关系的研究还非常少。国内关于投资者关系职能人员的研究更是非常少，连描述性研究都很难见到，所以尚需加强。在技术与信息系统方面，国外现有研究从投资者的需求调查出发提出了技术与系统需要发展的方向，并从调查数据上支持了其重要性，但是技术与信息系统对于投资者关系产品质量、顾客和财务目标的影响方面的实证研究非常少，还需要进一步丰富。国内这方面的研究还非常匮乏。在内部规程方面，中国很多上市公司都建立了相关制度，但制度的完善情况、执行情况、对公司投资者关系水平的影响等都还有待进一步研究。

参考文献

［1］巴曙松，曹梦柯．投资者关系管理的关键是保护中小投资者权益［J］. Directors ＆ Boards. 2007（10）：48-50.

［2］冯彦杰，徐波．上市公司网络投资者关系比较研究［J］. 证券市场导报，2014（1）：8.

［3］Miller G S. 怎样通过媒体与投资者沟通［J］. 董事会，2008（7）：96.

［4］郝臣，李礼．中国境内上市公司网站投资者关系栏目实证研究［J］. 管理科学，2005，18（1）：6.

［5］胡艳，赵根．投资者关系管理与信息不对称——基于中国上市公司的经验证据［J］. 山西财经大学学报，2010（2）：96-103.

［6］胡宇飞．中国 IR：从冰火两重天到制度化——访上证所投资者教育中心高级经理袁秀国［J］. 董事会，2007（10）：51-55.

［7］李心丹，肖斌卿，王树华，等．中国上市公司投资者关系管理评价指标及其应用研究［J］. 管理世界，2006（9）：117-128.

［8］李心丹，肖斌卿，张兵，等．投资者关系管理能提升上市公司价值吗?［J］. 管理世界，2007（9）：117-128.

［9］刘京军，徐浩萍．机构投资者：长期投资者还是短期机会主义者?［J］. 金融研究，2012（9）：141-154.

［10］马连福，胡艳，高丽．投资者关系管理水平与权益资本成本——来自

深交所 A 股上市公司的经验证据 [J]. 经济与管理研究，2008（6）：23-28.

[11] Palter R N, Rehm W, Shih J. 与投资者沟通，要找准对象 [J]. 当代经理人，2008（9）：52-54.

[12] 王宇熹，肖峻. 论上市公司的分析师沟通战略 [J]. 商业研究，2008（6）：70-74.

[13] 肖斌卿，李心丹，顾妍，等. 中国上市公司投资者关系与公司治理——来自 A 股公司投资者关系调查的证据 [J]. 南开管理评论，2007，10（3）：10.

[14] 新浪财经. 徐明：沪市去年个人投资者交易额占比 83.5% [EB/OL]. (2012-04-20) [2013-08-19]. http：//finance. sina. com. cn/money/fund/20120420/101411876438. shtml.

[15] 徐莉萍，辛宇. 媒体治理与中小投资者保护 [J]. 南开管理评论，2011（6）：36-47.

[16] 杨海燕，韦德洪，孙健. 机构投资者持股能提高上市公司会计信息质量吗？——兼论不同类型机构投资者的差异 [J]. 会计研究，2012（9）：16-23.

[17] 张雅慧，万迪昉，付雷鸣. 基于投资者关注的媒体报道影响投资行为的实验研究 [J]. 系统工程，2012，30（10）：19-27.

[18] 张雅慧，万迪昉，付雷鸣. 媒体报道、投资者情绪与 IPO 抑价——来自创业板的证据 [J]. 山西财经大学学报，2011（9）：42-48.

[19] 中国证券监督管理委员会. 上市公司与投资者关系工作指引 [EB/OL]. (2005-07-11) [2008-11-20]. http：//www. csrc. gov. cn/n575458/n776436/n804965/n806153/2034248. html.

[20] 中国证券监督管理委员会. 上市公司投资者关系管理工作指引 [EB/OL]. (2022-04-11) [2023-10-1]. http：//www. csrc. gov. cn/xiamen/c105635/c2346208/content. shtml.

[21] Agarwal V, Liao A, Taffler R, et al. The impact of effective investor relations on market value [EB/OL]. [2008-05-01]. http：//ssrn. com/abstract=1102644.

[22] Laskin A V. How Investor Relations Contributes to the Corporate Bottom Line [J]. Journal of Public Relations Research, 2011, 23 (3): 302-324.

[23] Banerjee P, Coppa A D R. Investor Relations and Firm Value [EB/OL]. [2013-08-12]. https: //gupea. ub. gu. se/handle/2077/26348.

[24] Cuellar-Fernndez B, Fuertes-Calln, Lanez-Gadea J A. The Impact of Corporate Media News on Market Valuation [J]. Journal of Media Economics, 2010, 23 (2): 90-110.

[25] Bollen L H, Hassink H F, Lange R K, et al. Best practices in managing investor relations websites: Directions for future research [J]. Journal of Information Systems, 2008, 22 (2): 171-194.

[26] Botosan C A, Plumlee M A. A re-examination of disclosure level and the expected cost of equity capital [J]. Journal of Accounting Research, 2002, 40 (1): 21-40.

[27] Brewer P C, Speh T W. Using the balanced scorecard to measure supply chain performance [J]. Journal of Business Logistics, 2000, 21 (1): 75-94.

[28] Blankespoor E, Miller G, White H. Dissemination, Direct-Access Information Technology and Information Asymmetry [R]. 2010.

[29] Bloomberg. The Evolution of the Modern IRO [EB/OL]. [2013-08-10]. http: //www. irmagazine. com/.

[30] Bowen R M, Davis A K, Matsumoto D A. Do conference calls affect analysts' forecasts? [J]. The Accounting Review, 2002, 77 (2): 285-316.

[31] Brennan M J, Tamarowski C. Investor relations, liquidity, and stock prices [J]. Journal of Applied Corporate Finance, 2000, 12 (4): 26-37.

[32] Bushee B J. Do Institutional Investors Prefer Near-Term Earnings Over Long-Run Value? [J]. Contemporary Accounting Research, 2001, 18: 207-246.

[33] Bushee B J. Identifying and attracting the right investors: Evidence on the behavior of institutional investors [J]. Journal of Applied Corporate Finance, 2004, 16 (4): 28-35.

［34］Bushee B J, Noe C F. Corporate disclosure practices, institutional investors, and stock return volatility ［J］. Journal of Accounting Research, 2000 (38): 171-202.

［35］Bushee B J, Miller G S. Investor relations, firm visibility, and investor following ［J］. The Accounting Review, 2012, 87 (3): 867-897.

［36］Chang M, D'Anna G, Watson I, et al. Does disclosure quality via investor relations affect information asymmetry? ［J］. Australian Journal of Management, 2008, 33 (2): 375-390.

［37］Chong M. Institutional Investors' Assessment of Investor Relations in SGX-Listed Companies ［EB/OL］. ［2013-08-21］. http: //www. irpas. com/SMU%20IR PAS%20Study%202009. pdf.

［38］CIRI. Investor Relations ［EB/OL］. ［2023-10-05］. https: //www. ci-ri. org/web/web/About_ Us. aspx? hkey=d5ccc52a-8856-4766-baad-d9bda385ef0f.

［39］Conger M. How a comprehensive IR program pays off ［Z］. 2004.

［40］Davis A. The role of the mass media in investor relations ［J］. Journal of Communication Management, 2006, 10 (1): 7-17.

［41］Engelberg J E, Parsons C A. The causal impact of media in financial markets ［J］. The Journal of Finance, 2011, 66 (1): 67-97.

［42］Wu E. A Balanced Scorecard for the People Development Function ［J］. Organization Development Journal, 2007, 25 (1): 113-119.

［43］Farraghe E J, Kleiman R, Bazaz M S. Do investor relations make a difference? ［J］. The Quarterly Review of Economics and Finance, 1995, 34 (4): 403-412.

［44］Ferguson N J, Guo J M, Lam H Y T, et al. News Media Content and UK Stock Returns ［R］. 2011.

［45］Grobler A F, Landman M, Parreira M. Bridging the gap between public relations and investor relations: A survey among management students ［J］. South African Business Review, 2005, 9 (3): 35-53.

［46］ Heffes, Ellen M. Data Defines New Shape of the IRO ［J］. Financial Executive, 2008, 24 （7）: 10.

［47］ IR Magazine. Investor Perception Study Asia 2012/2013 ［EB/OL］. ［2013-08-22］. http: //www. irmagazine. com.

［48］ Kalay A. Investor sophistication and disclosure clienteles ［J］. Review of Accounting Studies, 2015, 20 （6）: 976-1011.

［49］ Kaplan R S, Norton D P. The balanced scorecard-measures that drive performance ［J］. Harvard Business Review, 1992, 70 （1）: 71-79.

［50］ Ly K. Investor relations level and cost of capital: Evidence from Japanese firms ［J］. Asia-Pacific Journal of Business Administration, 2010, 2 （1）: 88-104.

［51］ Lang M H, Lundholm R J. Corporate disclosure policy and analyst behavior ［J］. Accounting review, 1996, 71 （4）: 467-492.

［52］ Lang M, Lundholm R. Cross-sectional determinants of analyst ratings of corporate disclosures ［J］. Journal of Accounting Research, 1993, 31 （2）: 246-271.

［53］ Laskin A V. A Descriptive Account of the Investor Relations Profession: A National Study ［J］. Journal of Business Communication, 2009, 46 （2）: 208-233.

［54］ Laskin, Alexander V. , Kristin Koehler. Investor relations: The state of the profession ［C］. 19th International Public Relations Symposium BledCom. 2012: 115-129.

［55］ Bollen L H, Hassink H F, Lange R K, et al. Best Practices in Managing Investor Relations Websites: Directions for Future Research ［J］. Journal of Information Systems, 2008, 22 （2）: 171-194.

［56］ Mahoney W F. Investor Relations: The professional's guide to financial marketing and communications ［M］. New York: Simon and Schuster Ltd, 1990.

［57］ Malina M A. The Evolution of A Balanced Scorecard ［J］. Journal of Applied Business Research, 2013, 29 （3）: 901-912.

［58］ Miller G S. The press as a watchdog for accounting fraud ［J］. Journal of Accounting Research, 2006, 44（5）：1001-1033.

［59］Mikhail M B, Walther B R, Willis R H. When security analysts talk, who listens？［J］. The Accounting Review, 2007, 82（5）：1227-1253.

［60］NIRI. Mission and Goals ［EB/OL］. ［2008-11-20］. http：//www. niri. org/about/mission. cfm.

［61］NIRI. Standards of Practice for Investor Relations ［EB/OL］. ［2013-08-21］. http：//www. niri. org.

［62］Nørreklit H, Nørreklit L, Mitchell F, et al. The rise of the balanced scorecard！Relevance regained？［J］. Journal of Accounting & Organizational Change, 2012, 8（4）：490-510.

［63］Patel S A, Balic A, Bwakira L. Measuring transparency and disclosure at firm-level in emerging markets ［J］. Emerging Markets Review, 2002, 3（4）：325-337.

［64］Peasnell K V, Talib S, Young S E. The fragile returns to investor relations：Evidence from a period of declining market confidence ［J］. Accounting and Business Research, 2011, 41（1）：69-90.

［65］Kaplan R S, Norton D P. The Balanced Scorecard：Translating Strategy into Action ［M］. Boston：Harvard Business Press, 1996.

［66］Al-Barghouthi S. Web-Based Investor Relations Disclosures：a Communication Perspective ［J］. European Journal of Business and Management, 2013, 5（17）：66-75.

［67］Howard S. IR With A Conscience：Dealing With Socially Responsible Investors ［J］. Investor Relations Business, 1999, 4（17）：1.

［68］Walker K B, Ainsworth P L. Achieving competitive advantage in departments of accounting：Management principles and the balanced scorecard ［J］. Academy of Accounting and Financial Studies Journal, 2007, 11（1）：65-82.